山のリスクセンスを磨く本

遭難の最大の原因はアナタ自身にあった

昆 正和

ヤマケイ新書

JN246668

はじめに

本書『山のリスクセンスを磨く本』は、２０１５年４月〜２０１７年３月の２年間にわたって『山と溪谷』に掲載された原稿に、新たなエピソードを大幅に追加してヤマケイ新書としてまとめたものです。想定している読者は、年齢も性別も経験も問いません。どんな人がどんな時に、どんな格好で読んでもかまいませんし、ここに書いてあることをどのように受け止めてもよいのです。なんて心のおおらかな本なのでしょうか。

本書のテーマは、ずばり登山のリスクマネジメント。と言っても堅苦しく考える必要はありません。山を取り巻くさまざまなリスクについて、少しだけそのセンス（感覚、意識）を磨くヒントになりそうなアレコレを書き連ねたエッセイです。

登山する人の動機や思いはさまざまです。趣味やスポーツ、あるいは精神修行のつもりで登る人もいるでしょう。いずれにしても、単独行であれパーティであれ、山の「まさか⁉」とは無縁ではいられません。今や巷には、実にさまざまな山の情報があふれていますから、何でもわかったつもりになりやすいものです。しかしだからと言って、いつでも余裕を持って登れる、山が笑顔で歓迎してくれるとは限りません。

筆者などは登山を始めてン十年になりますが、いまだに山には頭が上がりません。一山登るたびに知識不足、装備不足、体力不足に悩まされるし、うっかり道に迷って時間ロスしては自己嫌悪に陥ることもあります。そんな私の登山経験と反省を踏まえつつ、自分の本業である組織のリスクマネジメントやＢＣＰ（事業継続計画）と呼ばれる危機管理プランの発想や視点に照らして、さまざまな考えや意見を述べさせていただきました。

本書は４つの章で成り立っています。

「第１章　事前の準備と心構えがモノを言う」では、山に入る前の準備や心構え、ちょっと考えておきたい社会面（？）的なテーマについても述べています。

「第２章　こんなときどうする？」は、山でさまざまなピンチに陥ったときの対処法について述べたものですが、中には事前・事後的に考えておくべき事柄も含まれています。

「第３章　山での人間関係がリスクになるとき」では、山のリスクの中で、主に人間関係に由来するものをピックアップしています。

「第４章　リスクの低減・回避・改善のために」は、山中での危機対応はもとより、ふだんから問題意識をもって考え、心に備えておくものをテーマとしました。

登山のリスクマネジメントをテーマとする本はいろいろありますが、それらと本書との違いについても少し触れておきましょう。本書は登山リスクへの対処の仕方を、いわゆる〝正攻法〟で述べたものではありません。「山中でアクシデントが起こった、それに対処するにはまずAを、次にBを、そしてCを……」といった順序立てたアプローチはとっていません。

また、登山のリスクが最も顕在化しやすいのは冬山や岩登り、沢、バリエーションルートなどですが、本書は春から秋にかけて一般的な老若男女のみなさんが、一般コースを一般的な登山スタイルで歩くことを想定しています。一般的すぎて物足りなくはないか？　いいえ、そんなことはありません。登山を始めて間もない人はもちろんのこと、経験豊富な人も、登山にまつわるさまざまなリスクを知り、自分の山との向き合い方をちょっと振り返ってみるきっかけになるでしょう。本書に書いてあることが、みなさんの山での不測の事態を未然に防ぐ「転ばぬ先のリスクマネジメント」につながれば、これに勝る喜びはありません。

２０１７年６月　昆　正和

目次

第2章　こんなときどうする？

第3章　山での人間関係がリスクになるとき

第4章　リスクの低減・回避・改善のために

フォーマットデザイン　尾崎行欧デザイン事務所
本文ＤＴＰ・図版　株式会社千秋社
編　集　神谷浩之（山と溪谷社）

第1章

事前の準備と心構えがモノを言う

〝まさか！〟の原因は自分の中にある

「山のリスク」のそもそも論

街中では、スマホに夢中になるあまり、ゾンビのようにフラフラとさまよい歩く若者たちをよく見かけますね。傍目には明らかに危険で、いつ何が起きてもおかしくないのに、本人にとっては危険の「き」の字も頭になさそうです。

彼らはたとえ駅のホームからうっかり転落しそうになっても、その原因を自身の行為ではなく、駅のホームという「場所」のせいにしてしまうでしょう。フラフラ歩きを改めないかぎり、どこへ行っても転落や転倒のリスクはついて回るのに、です。

実は山のリスク（道迷いや転倒、滑落など）も、少なからずこれと似たものではないかと思うのです。必ずしも事故や遭難が起こりやすい典型的な「場所」だけが危険なのではない。登山者自らが、そうした状況をうっかり作り出してしまうところに本当の原因があるのではないかと。

今や第三次登山ブーム。老いも若きも、富士山からポンポン山に至るまで多くの人が登山を楽しみます。しかし、光の当たる部分の裏側には必ず〝陰〟ができることも忘れてはいけません。私たちが期待する楽しく元気の出る山登りの裏には、先ほど述べたような意味での山のリスクがつきまとっていることを。みなさんにぜひ気づいて、心に留めていただきたいのは、まさにこの〝陰〟の部分なわけです。

リスクの受け止め方は人それぞれ

ところでこの「リスク」という言葉。実にいろいろな分野、さまざまな場面で使われています。意味もそれぞれ微妙に異なっているのが普通です。たとえば、事故や災害、病気を引き起こす原因について「リスクがある／ない」と言います。将来の結果をよくも悪くも大きく左右するようなこと、たとえばビジネスチャンスや投機などを指して「リスクをとる／とらない」とも言います。

登山とリスクをヒモづける考え方は決して新しいものではありませんが、世間一般にはわりと固定的、限定的なイメージで受け止められてきたことも事実です。たとえば、小説や映画に描かれる山のリスクは人間ドラマの背景に組み込まれた偶発的な脅威であり、正面から命をかけて克服すべき対象です。かと思えば、インディ・ジョーンズ気分、もしくはスリリングなテーマパークのアトラクション体験のような感覚で山のリスクを捉える人もいます。いずれにしても、自分の外にリスキーな世界が存在するという点では変わりはありません。

ここでテーマにしようとしている「山のリスク」は、このような世間一般の見方とは少し違います。どう違うのか。山のリスクとは具体的には何を指すのか、無用な混乱を招かないように、独断と偏見ではありますが、私なりの定義を明確にしておきましょう。

それは自分自身の意識と行動の反映

山のリスクの特徴を整理すると、次の3つにまとめることができます。

①山の事故原因の多くは自分の判断と行動の中にある

山には険しい岩場、落石頻発帯、鉄砲水、雪崩など、確かに山という場所ならではのリスクが存在します。が、統計的には道迷い、滑落、転倒、病気、疲労などが幅を利かせていますね。このような傾向には、自分という存在を抜きにして山のリスクを考えることはできないグレーゾーンがありそうです。

②感情の起伏や思い込みなどが影響しているらしい

かつて一世を風靡《ふうび》した『EQ　こころの知能指数』という本の著者、ダニエル・ゴールマン氏は言いました。人間、頭がいい、顔がいいだけじゃアカンのよ。人生をよりよく生きるには、いざというとき自分の感情を適切にコントロールできなきゃね。これは登山にもそのまま当てはまります。油断する、パニックに陥る、不安で胸がいっぱいになる。これをどううまくコントロールするかが鍵なんです。

③山のリスクは偶然が支配する

山ではすべて予定どおりに行動できると思うなかれ。さまざまな偶然が割り込んでくることがあるからです。その偶然に対処できるだけの融通が利かなければ、それはそのままリスクもしくは危機となります。また、リスクは減らしたつもりでも再び自分で呼び込んでしまったり、形を変えて再来することもあります（このあたり、おいおい述べましょう）。

〝まさか！〟を未然に防ぐためにできること

山のリスクが、山という「場所」ではなく、どちらかと言えば自分の心身との関わりの中に立ち現われるものだとすると、それは私たち自身の「リスクマネジメント」の射程に入ってくるということでもあります。ちょっとなじみのない言葉ですが、これは次のように例えるとわかるでしょう。

飲んで食べて人生を謳歌《おうか》してきたあなたのお腹まわりにお肉がついたとしましょう。このときメタボに効くダイエット食品や燃焼系の飲料水など、解決手段を手っ取り早く外に求めても充分な効果は期待できませんね。

翻って、カロリーの多い食事を控え、乗り物ではなく徒歩を優先する、意識的に運動量を増やすなど、自分の中から改善する工夫をしてみる。これが「私たち一人ひとりのリスクマネジメント」なのです。

山のリスクマネジメントも同じものと考えてみてはいかがでしょうか。

[今回のまとめ]

・山のリスクマネジメントとは、私たちの心と行動のマネジメントのこと

〈登山届〉は何のため？

目立たないけどものすごく大切なもの

鬱蒼《うっそう》とした森の入り口に、ポツンと郵便受けのようなものを見かけることがあります。『ゲゲゲの鬼太郎』に出てくる妖怪ポストではありません。登山ポストです。みなさんは「登山届」を書いて出していますか。

この登山届、近年の山岳災害（御嶽《おんたけ》山噴火など）があったりして、心配して出す人は徐々に増えているそうなんですが、登山人口全体からみれば、まだまだの感があります。

登山届を出さない人の理由は至ってカンタン。ほとんどの人が、いつもどおり何事もなく無事に山に登って下りてこられると思っているから。

ところが、何か事が起こって初めて「こりゃ大変だ。どの山のどのコースだ？」となる。にわかに登山届の存在がクローズアップされて、当人の足取りを知る重要な手掛かりになるわけです。普段はいるのかいないのか、まるで存在感がないのに、いざとなると急に当てにされる。なんだか職場の人間関係の一コマを見ているようでもあります。

登山届を出す人、出さない人にはある種のパターンがあるように思います。たとえば規律のしっかりした山岳会とか登山サークルに属していれば、登山届を出さずに山に登るなどという掟破りはできんわけです。一方、ルールに縛られたくない単独行者や、なあなあで寄り集まったパーティの場合は、登山届を出すという意識はあまり高くないかもしれません。

心配ご無用。私は不死身です

登山届を書く気がしない彼ら彼女らは、どのような意識をもっているのでしょうか。これは筆者の若い時分の反省も踏まえてのことなんですが、たとえば次のような思いが胸の内にあるからではないでしょうか。

「いやあ、そこまでボクを心配してくれるなんて感激！　けど、あいにく僕って不死身なんです。必ず無事に戻ってくるから、心配しないでください」

「登山届を書いたって、すぐにゴミ箱行きでしょう？　書くだけ時間のムダ、紙のムダってもんです」

「登山届って、電話番号やら住所やら個人情報のかたまり。この紙を誰も監視していない場所にある登山ポストに入れるなんて危険。悪意のある人に盗まれたらたまりませんわ。コワーっ」

「登山はね、自己責任の問題なわけ。万一のことがあっても自分で責任をとればそれで済むってこと。誰にも迷惑かけるつもりはないのに、なんでそんなに勧めるの？」

おっしゃることはごもっとも。でもね、ちょっと登山届に対する勘違いや偏った見方があることも否めません。ここで、登山届なるものの意義と価値を確認しておこうではありませんか。ポイントは次の二つです。

《ポイント１》登山計画の見直しができる

どんな人でも登山する前には必ず「登山計画」を立てますね。どの山のどのコースを何時間かけて歩くのか。そもそもこれを決めないことには、一歩も先へは進めません。無理のない登山計画には、安全に登って下りてくるための配慮が行き届いています。コースタイムの取り方、食料や装備、休憩地や宿泊する山小屋、エスケープルートなどなど……。

逆に危なっかしい登山計画には、これらの点についていろいろと不備や無理がある。そんな問題ありの登山計画を自分の頭の中にしまい込んだままにしていたり、内輪だけで共有していたら、リスクを抱えたまま山に突入することになりかねません。こうしたことを避けるためにも、自分たちの登山計画の良し悪しを点検しながら「登山届」を書き、納得できたら出す。これが大切なんです。

登山届を出したことのある人は、心持ち緊張した経験はありませんか。「この計画で大丈夫かなあ」「こんな無茶な計画は却下! なんて誰かに言われそうな気がする……」みたいな。もし登山届を自信をもって書けないようなら、登山計画に何らかの無理や不備があるのかも。そうしたら、ちょっくら見直してみようじゃありませんか。

《ポイント2》「もしも……」が起こっても手遅れにならずに済む

これは万一のことが起きた状況、つまり登山届を出さなかった人のゲンジツをイメージすればすぐに理解できます。山からあなたが帰ってこない。こんなとき、まず家族と同居しているなら家族が心配します。一人住まいなら勤め先の上司や同僚が心配します。A君出社してないぞ。無断欠勤か? いったい何やってんだ、みたいに。次に、家族や会社から警察に捜索願が出されますが、当局側としては「われわれはどの山のどの辺りを探せばよいというのだ!」と天を仰いで困り果てるでしょう。発見が遅れて最悪の事態になることも。運よく助かったとしても、時間と労力をかけたなりの捜索・救助費用、入院費の請求書が手ぐすね引いてあなたをお待ちかねです。

この点、登山届が出されていれば、山域もルートもすぐに特定され、集中的に捜索できるので、早い段階で救助される確率は高まります。「いやあ、ご迷惑かけて申し訳ござんせんでした!」と頭を掻くだけで済むかもしれない。登山届を出しておくことであなたの命は守られ、劇的な出費も社会的なコストも抑えられる。まさに一石二鳥なんです。

義務なんかじゃない、社会人としての常識！

登山届を出さなかったために起こること。それは先ほどのポイントで述べたように登山計画の最終見直しがおろそかになること、万一のときには捜索や発見に時間がかかり、多くの関係者を巻き込んで時間と労力を割かせ、予想外のコストを発生させるということです。少しクールな言い方をすれば、山であなたが一人で崖から落ちてうんうん唸っていても理屈上は他人にとっては何の関係もないし、同情することでもありません。けれども、私たちの社会システムと緊密な利害関係が、あなたを放置することを許さないのです。

いまや有名な山域では、登山届の提出を条例で義務化する動きも進んでいます（23ページ「違反したらキップ切っちゃうぞ！」を参照）。登山届は、本来はこうした強制や義務ではなく、モラル、マナーであり続けるのがベストです。ただしそのモラルやマナーは、山にゴミを捨ててはいけない的な〝義務感〟からではなく、〈もしも……〉の危機意識、そして社会的自覚と責任から自ら進んで行なうものであってほしいと思います。

冒頭では昔ながらの登山ポストの例を取り上げましたが、さすがに個人情報をワイルドな場所に残しておくことには問題があるし、情報収集も煩雑なので、今後は減らしていく方向にあるそうです。登山届を出さずにやってきたそこのあなた、登山ポスト君に「ええっ、まだ出してなかったの？　ショーがねーな。ではここで書いて投函してちょうだい！」と皮肉られるのも今のうちかも。

インターネット全盛の今は、提出方法も提出先も、よりどりみどりです。家庭、山岳会、職場、学校、山麓で交番を見かけたらそこで出してもよい。メールやネット上の入力フォームなどを活用する手もあります。ささいな手間を惜しんだりせずに、登山計画の最終チェックのつもりで書いて、ちょっくら山に行ってきますと一声かけるつもりで出そうではありませんか。

［今回のまとめ］

・登山届の目的は二つ。登山計画の点検と、万一の際の危機の低減

違反したらキップ切っちゃうぞ！

中身はそれぞれさまざまですが……

最近になって、相次いで県の「登山条例」が施行されています。何を条例で決めたのかと言うと、早い話が「登山するなら登山計画書を必ず出してね」というもの。な〜んだ、それだけの話なら昔も今も同じでしょうと安心しているあなた、ちょっと違うんですよ。この登山条例は「義務」なんです。提出しなかった場合の罰則を設けている県もあります。思い立ったが吉日でひょいとザックを担いで山に出かけたい人は、少し気を引き締めてお読みいただければと。

登山条例にはどんな決まりがあるのでしょうか。有名ブランドの山をいくつも抱える岐阜県、富山県、長野県の例を見てみましょう。まず岐阜県の条例（平成26年12月1日施行）では、岐阜県北アルプス地区、御嶽山、白山《はくさん》などが対象です。登山届を提出せず登山した者、虚偽の登山届を提出して登山した者は5万円以下の罰金（過料）。次に富山県の場合、剱岳《つるぎ》を中心とする冬季が中心となっていて罰則あり。自分（たち）がどの季節にどの山、どのルートを登るのかをしっかり把握していないと少し戸惑うかもしれません。一方、長野県（平成28年7月1日施行）の場合は、主要な山域をほぼ網羅していてどの山に登るにも登山届が必要ですが、罰則規定はありません。

いずれにしても、こうなるとお役所への重要書類の申請手続き、もしくは交通ルール違反を取り締まるお巡りさんの姿勢を彷彿させるものがあります。一向に減らない無謀登山者や無知登山者による事故や遭難を減らすには規則をキビシクするしかないと、業を煮やした当局が思い余って手を付け始めたのでしょう。しかし、そんなに今時の登山者は無謀・無知なのでしょうか。

山との向き合い方が変わったのかも

もし本当にそうした人たちが増えたのだとすれば、それは個人の問題というよりも、本来の山との向き合い方をスポイルしてしまうような、何か環境の変化が影響しているのではないでしょうか。ワタクシは次のように考えております。

まず気になったのは山の「商品化」。アルプスの山々を背景に写る、おしゃれでクールなアイテムを身に付けた見目良き山男に山ガール。登山用品メーカー各社は次々と高性能ギアを発売し、雑誌は次々とレビューやランキングを掲載する。いやが上にも期待は膨らみ、一日も早く人気商品を買って山で試したくなります。山岳ツアーしかり。有名ブランドのお山を巡る旅、ベテランガイドが案内する究極の冷や汗ドキドキツアーなどなど。登山体験すべてが観光旅行商品の中に組み込ま

長野県では「指定登山道」が設定され、登山届の提出が義務づけられている。北アルプス岳沢登山口にて

れています。

次に、今はインターネットから情報をとるのが当たり前の時代であること。ネット情報は玉石混交で、第三者の検閲もありません。ネット情報を収集しつい自分にとって都合のよい情報だけを収集し、都合のよいストーリーを組み立ててしまいます。ネットを通じて次々と閲覧しているうちに、自分の思い通りに楽しく登って降りて来られるというイメージができ上がってしまうのかもしれません。

こうしてお気に入りのアイテムを型どおりにそろえ、あるいは身に付ければ、あとは何も考えずにだれでも手軽に登山を楽しめる。この結果、山がリスクを潜伏させた危険なエリアではなく、安全でフレンドリーなテーマパーク的イメージができ上がってしまうのでしょう。また、山をそのように見なすことで、いたずらにタイムや難易度だけを競ったり、アウトロー的な山登りをやって目立ちたい人も出てくるわけです。知識やスキル不足の登山者や、無謀な登山者を生みだす要因はこんなところにあるのではないでしょうか。

メリットばかりとも言えない。限界もある

さて、ここではリスクマネジメントの観点から、義務化の実効性について考えてみましょう。

まず、「義務化」が登山届の積極的な提出を促すモチベーションにつながるかどうかという素朴な疑問があります。現状、多くの登山者は登山届を出さなくても何事もなく下山しています。山で遭難・事故に遭うのは氷山の一角であり、ほとんどの人は「今日の山、シャクナゲがきれいでしたねえ。下山したら温泉・ビールといきましょう！」で終わってしまうのです。実際に自分が危ない目に遭わない限りはピンと来ない。たとえ罰則付きの義務化であってもそれは同じで、わずらわしいなあと考えてしまうかもしれません。

次に、義務化の前提である登山計画の作成と見直しは、いわば登山の事前検証に当たりますから、確かに安全かつ洗練されたものになるに違いありません（17ページ「〈登山届〉は何のため？」を参照）。しかし登山リテラシーがある程度身に付いた経験者ならともかく、ビギナーさんなどはど

うなんでしょうか。彼らは自分の乏しい知識と理解の及ぶ範囲において主観的に登山計画を組み立てざるを得ません。おまけに登山者というのはつねに未体験の山、未体験のルートを探し求めるものです。「去年は仙丈《せんじょう》ヶ岳登ったから、今年は甲斐駒《かいこま》ヶ岳に挑戦だヨ！」となる。初めての甲斐駒ヶ岳が自分にとって安全な山なのか危険な山なのかは、実際に登って体験しないことにはわかりません。たとえ自分で納得ずくの登山計画を提出したとしても、未知のリスクは未知のリスクとして残り続けます。その意味で、経験の浅い登山者ほど、義務化によって安全性が向上するとまでは言えないように思います。

「義務」でも「強制」でもない、〝良識〟だ！

あれこれ後ろ向きなことを書いてきましたが、しかし全体として見るならば、義務化は必要なものと考えます。前に述べたように、環境の変化とでも言うのか、昨今はとても無防備（スタイルや装備だけはまぶしいくらいに立派です！）な登山者を見かけることも少なくありません。そうした人たちが、どこまで自身の登山計画を無理のない、安全なプランとして組み立てられるかは不透明です。けれども、各自の登山計画の出来不出来はともかく、万一家族から「山に行ったっきり戻らない」と警察に通報があったとき、だれが、いつ、どこの山のどのコースへ向かったのかを素早く特定できる。これがキモなんです。登山届の義務化によって必要な情報が集約され、早期発見と救助の確度が格段に高まるわけですから、とても価値のあることでしょう。

なにぶん「義務化」という言葉には、強制や命令のニュアンスが混じっているせいか、登山届を書いて出す習慣のなかった人には少し抵抗があるかもしれませんが、慣れれば当たり前になります。それでもこの言葉に抵抗があるのなら、せめてここではちょっと気取って、それを〝良識〟と呼ばせていただきましょう。私たちみんながお互いに正しいこと、当然のこととして理解している基本的な感覚のことです。登山届の提出とはすなわち良識の一つなのです。昔、日本の山は登山者のマナーが悪くてゴミだらけの時代がありました。それが今や多くの人に周知されて、無意識に「自分で出したゴミは自分で持ち帰るのが当たり前」という習慣が定着するようになったわけです。これと同じように、登山届についてもごく自然な気持ちで「提出するのが当たり前」と言える。そんな時代が早くやって来ることを期待したいと思います。

［今回のまとめ］

・登山計画書の提出は〝良識〟と捉えよう

図表１：各県の主な登山条例

登山条例の名称	目　　的	規制期間・区域など	罰則の有無その他
群馬県谷川岳遭難防止条例	谷川岳における岩場地帯の登山に関し、登山者の守るべき事項を定め、登山届を、登山する日の10日前までに提出させることにより、登山者の遭難を防止する。	規制期間：３月１日～11月30日（冬山期間を除く）、適用区域：谷川岳(1977m)における岩場地帯(危険地区を指定)、一般的禁止：3月1日から11月30日までの間に、著しく危険があると認めたときは、期間・地区を指定して登山を禁止することができる。	禁止区域登山者・未届出登山者には３万円以下の罰金。努力義務として12月１日～翌年２月末日（冬山の期間）は、危険地区に登山しないように努めなければならない。
富山県登山届出条例	登山者に登山届を、登山する日の20日前までに提出させることにより、山岳遭難の防止及び遭難時の対策に資する。	規制期間：12月１日～翌年５月15日(冬期を中心とした積雪期)、適用区域：剱岳(2999m)周辺の山岳地帯(危険地区を指定)、勧告：届出の内容が不適当と認めたとき、届出者に必要な勧告を行なうことができる（規則等により、勧告の基準を明示）。	未届出登山者には５万円以下の罰金又は科料努力義務。登山者は、12月１日～翌年４月15日は、特別危険地区に立ち入らないように努めなければならない。
岐阜県北アルプス地区における山岳遭難の防止に関する条例（登山届提出義務）	届出を行なうことにより、登山者自身による事前準備の徹底、及び山岳遭難の防止を図る。	義務期間：平成26年12月１日以降（通年）、適用区域：北アルプス地区、活火山地区（御嶽山、焼岳、白山）。詳しくは「岐阜県　山岳遭難防止対策」のウェブサイトを参照。	平成28年12月1日から罰則規定を施行。登山届を提出せず登山した者、虚偽の登山届を提出して登山した者は、５万円以下の過料が科せられる。
長野県登山安全条例	登山の安全に関し、県及び登山者等の責務等を明らかにするとともに、登山を安全に楽しむための施策の基本となる事項等を定めることにより、日本を代表する山岳県にふさわしい登山の安全対策を総合的に推進し…（以下略）	指定登山道を通行しようとするときは、あらかじめ登山計画書を知事に届け出ることを義務付ける。隣接県の行政機関、登山計画書を受け付ける団体等に届け出たときは、知事に届け出たものとみなす。県は登山計画書の届出を行ないやすくするための必要な措置を講ずるものとする。	罰則なし。

各県の条例ほかを参照

“ピッ”とタッチすればもう安心？

いまや登山の安全対策はＩＴが主役！

犬も歩けば棒に当たりますが、山に登ればリスクに当たります。数年前の夏、常念《じょうねん》岳東麓の一ノ沢を歩いていた時のこと。一瞬頭上でバンと何かはじけた音がしたと思ったら、こぶし大の石が私の鼻先をかすめていきました。サルかシカの蹴落とした石が危うく顔面を直撃しそうになったのです。これでケガをしたら、「無謀にも一人で山に登るからこうなったのだ」と結論づけられるでしょうね。山では何が起こるかわかったものではありません。今後も山に入る人が増えれば、無謀な行動による事故や遭難はともかく、このような想定外のヒヤリハットに遭遇する人も増えていくことでしょう。

ところで、山の事故や遭難がどんな形で起ころうとも、とにかくいち早く当人の居場所を特定し、手遅れになる前に救助しなければならない。そうした意思が、近年ＩＴを駆使した登山者管理システムとして実現し、早くも試験運用や導入が始まっています。きっかけは、２０１４年の御嶽山の噴火（死者行方不明者63人のうち登山届を出していたのは11人しかいなかった）や「山の日」（8

月11日）の制定によって見込まれる登山人口の増加などにあるものと思います。また、現在各自治体で登山計画書提出の義務化が進んでいますが、思うにいくつかの課題もあったのでしょう。例えば登山計画が出されたとしても無事に下山できたかまでは確認できない、ネット経由の登山届が主流となってきたのに関係者間でデータを共有・活用するメリットが生かされていない、どうせならＩＴ技術を駆使して登山者の足取りをドアツードアで追跡できるようにすべきではないか、などなど。

どんな仕組みでどうやって安全を守る？

そこで、入山してから無事に下山するまで登山者の足取りを確実に追跡し、その記録を関係者間で共有する。緊急時にはどこにいるのかを速やかに特定し、救助できるようにする。新しいシステムのねらいはこのあたりにあるようです。いくつかご紹介しましょう。

一つは公益社団法人日本山岳ガイド協会が提供している「コンパス」と呼ばれる仕組みです。全国の山域に対応しているため、各県の届出方法の違いに左右されず提出することができます。登山計画と下山時の安否情報は、家族や友人等ともメールとウェブを介して共有・通知されます。救助要請に迅速に応えられるように、自治体や警察との連携も進んでいます。

次はＮＰＯ法人北アルプスブロードバンドネットワークからの委託事業として民間会社が運営している「山ピコ」。こちらはヤマケイオンラインやヤマレコで作成した登山計画の提出と引き換えに受け取るコード番号をＩＣカードに登録。各コース上の山小屋に設置された読み取り端末にこのＩＣカードをタッチすることにより、登山者の足取りを記録・共有するものです。記録されたデータは遭難・事故の支援情報として利用するほか、家族や友人との状況の共有、周辺の施設案内や観光案内などの情報提供にも役立てられます。

最後は、慣れ親しんだ携帯電話やスマホを最大活用するものとして、例えば岩手県滝沢市が導入した「岩手山モバイル登山システム」があります。登山口や登山コースに設置したチェックポイントのＱＲコードを携帯電話やスマホで読み取り、現在地のデータなどを認識させることで登山届出の代わりになる（登山者カードを記入する手間が省ける）、自分のトレイル記録を残せる、事故などの緊急時には、簡単な操作ですぐに救助要請が行なえるというもの。

でもやっぱり気になるいくつかの「?」

いずれもＩＴを活用して登山計画の提出だけではカバーしきれなかった部分を改善する画期的なシステムではあるのですが、しかしいくつか気になる点もあります。

まず、これらのシステムは「安全な登山」や「遭難事故の減少」を謳《うた》っているのですが、少し夢を語りすぎのようにも思えます。というのは、たとえ入念かつ用意周到に登山計画を立て、こうした情報を関係者間で共有したとしても、遭難や事故は、それとは異なる次元で発生してしまうからです。山で起こるアクシデントの多くは、登山者の知識や経験の不足、スキルの未熟さ、体調の良し悪し、そして自然界の偶発的な要因などが関わって起こります。安全な山歩きを心がけ、アクシデント発生時にそのインパクトを最小限に抑えられるかどうかは本人の意思と行動力にかかっているわけで、登山計画を提出し、既定のコースに沿ってトレイルの記録を残しさえすれば、登山の安全性が向上し、遭難事故が減るわけではありません。このような誤解を登山者に与えないことが肝要でしょう。

次に、ＩＣカードやスマホで通過記録を取るシステムの場合、万一の際の実効性は意外と限定的ではないだろうかという疑問です。というのは、こうしたシステムを設置するのは最も人気のある有名山域が中心となるでしょうけど、そうした山域こそ山は高く大きく、尾根は長大で谷は深いものです。メインの稜線や尾根のコース上に通過記録用端末が点在するぐらいでは、道迷い遭難などには対応しきれないのではないでしょうか。稜線上のチェックポイントＸから先の足取りが途絶えた。しかしそこから東の谷に迷い込んだのか、それとも西の尾根へ向かったのかで足取りはまったく違ってくるからです。こうなると、従来の救助と変わらず、捜索範囲が広がって時間がかかり、発見が遅れる可能性も否定できません。

誰にとっての〝リスクマネジメント〟か?

最後にもう一つ、この種のシステムは登山者の心や姿勢にネガティブな影響を及ぼしやしないかという懸念も。登山が好きという人の理由はさまざまですが、多くに共通するのは、そこに「自分を試すことのおもしろさ」を感じ取っているからでしょう。日常の世界は社会のシステムによって守られ、安心・安全が保証され、物事は予定調和的に進んでいきます。一方、登山をするということは、そうした規則的、予定調和的な世界から抜け出し、不確かでリスキーな状況に身を放り込むことです。心と体と技を総動員して自分を試すことにより、身も心も更新される。だからこそ登頂のよろこびや達成感もひとしおだし、たとえつらい目に遭っても時が経てばすがすがしい気分になれるのです。

一方、登山者管理システムを使用するということは、下界と同じ規則的、予定調和的な行動を登山者に求めるということでしょう。この結果、人によっては「安全に山に登り、無事に下山しよう」という自立的な意識よりも、登山計画通りに歩いているかどうか第三者から監視されているような窮屈感を抱くかもしれません。あるいは逆に、「こっちは逐一自分の位置情報をインプットしているのだから、何かあった時にはすぐに救助に駆けつけてくれるんでしょう？」と過大な期待を抱く人が増えることも考えられます。

話は少し逸れますが、防災には「自助・共助・公助」という言葉があります。自助は自分の身は自分で守る、共助は隣人同士助け合う、公助は公的な救援活動のこと。登山も同じでしょう。この場合、登山者管理システムは公助の一部を担うものと思いますが、しかし何よりも基本的で重要なことは「自助」です。いかに登山者一人ひとりの自助の意識を育てるソフト面を充実させていくかが、今後のもう一つの課題になるのではないでしょうか。

【今回のまとめ】

・最後にあなたを守るのはテクノロジーではない、あなた自身です！

図表2：登山者管理システムのいろいろ

システムの名称	運営／技術提供	仕組みと運用方法・利点など	導入・運用状況（2017年4月現在）
コンパス	公益社団法人日本山岳ガイド協会	登山計画、登山届、下山届を日本全国どこでも提出でき、メールとウェブを介して友人や家族と共有可能。下山届のチェックがないと一定の時間が経過した後、登録されたメールアドレスへお知らせが自動配信される。救助要請に迅速に応えられるように、自治体や警察との連携も進んでいる。	本格導入
山ピコ	NPO法人北アルプスブロードバンドネットワーク	ヤマケイオンラインやヤマレコで作成した登山計画の提出も可能。各山小屋に設置された読み取り端末にＩＣカードでタッチして登山者の足跡を記録・共有。記録されたデータは万一の遭難・事故の際の支援情報、家族や友人との状況の共有、山岳地域周辺の施設案内や観光案内などにも生かされる。	実証試験中
TRECK TRACK	（株式会社博報堂アイ・スタジオ）	登山者がIoTデバイスを持参し、山に設置した独自ネットワークを介して登山者の位置情報を把握するシステム。これにより登山者の行動がログ化され、離れたところにいる家族や山の管理者もウェブを通じて見ることができる。登山者の情報、ルート分析、天候アラートなどさまざまな行動データ活用の可能性を秘めている。	実証試験中
岩手山モバイル登山システム	岩手県滝沢市（八幡平国立公園協会）	登山口や登山コースに設置したチェックポイントのＱＲコードを携帯電話やスマホで読み取り、現在地のデータなどを認識させることで登山届提出の代わりになる（登山者カードを記入する手間が省ける）、自分のトレイル記録を残せる、事故などの緊急時には、簡単な操作で救助要請が行なえる。	本格導入
御嶽山モバイル登山システム	長野県木曽町役場	上記と同じ。	本格導入

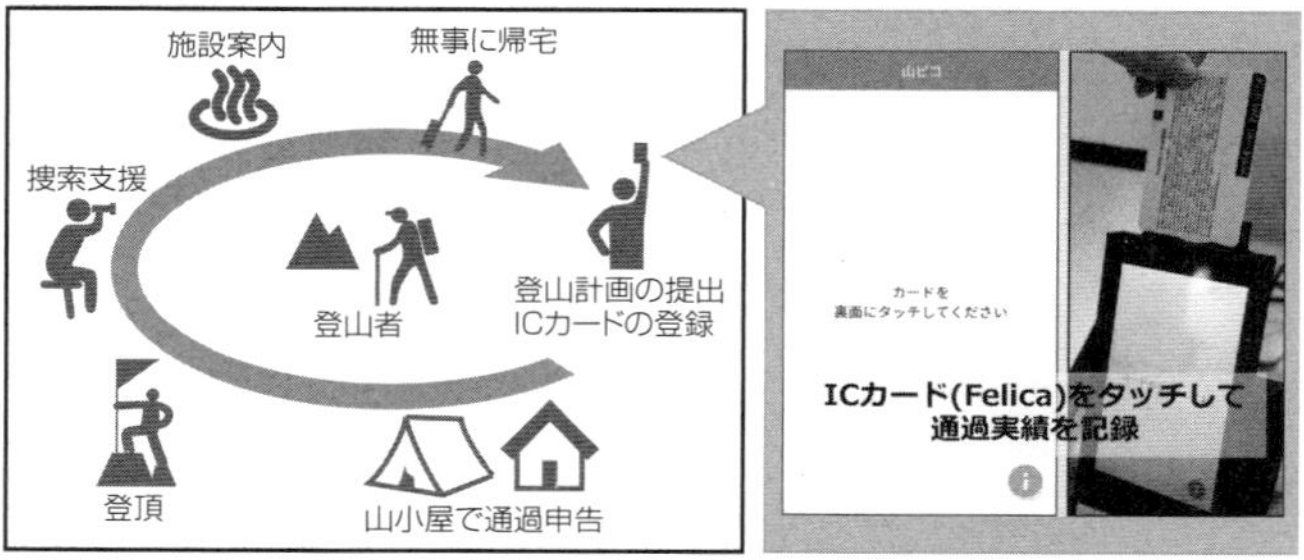

山ピコの仕組み（https://ibank.yamapico.jp/ibank/about より抜粋）
山ピコは多くの方が日常的に利用されているICカード（Felica）を使用します。登山道に点在する山小屋各所の御協力のもと、各山小屋にICカードをタッチする端末を設置し、登山者の皆様のタッチ（ピコ）を通じて登山の実績を記録していきます。

過ぎたる情報、なお及ばざるがごとし

スマホひとなで一発検索の時代

いやはや、なんて便利な時代になったものでしょう。先日、初めての山に出かけようと登山計画を練っていたとき、ふと「どんな山なんだろう」と疑問が湧いたのです。すると、不覚にもするするとスマホに手が伸びて、検索画面に山の名前を入れてしまったではありませんか。たちどころにお目当ての登山の記録が何本も検索リストに表示される。いわゆる個人のブログとか山のコミュニティサイトのことです。詳細な記録とともに、豊富なスナップ写真もついて、まさに至れり尽くせり。

登山情報の王道といえば、山岳雑誌やガイドブックであることは今も昔も変わりませんが、ネット時代の昨今は私たちの情報の取り方が少し「変化」してきたことも確かです。世の多くの登山者は、この変化を便利なこと、望ましいこととして大歓迎しているようですが、筆者としてはちょっとばかしリスクの匂いをかぎつけておるのです。正統派の山岳部や登山同好会の場合はともかく、単独行や和気あいあい的少人数グループの場合は少し心配です。

彼ら彼女らはまず、山岳雑誌やガイドブックで「どこの山へ行こうか」的情報を集めるでしょう。お次は登山計画を組み立てる番ですが、ここでちょっと疑問が湧いてくるかもしれません。登山ルートはラクかシンドイかキケンか、眺望は、山小屋はどんな様子か、などなど。こんな場合、昔なら自己責任を懐に忍ばせて「良くも悪くもあとは行ってからのお楽しみ」と考えたものです。しかし今日ではネットが瞬時にそのすべてを赤裸々にしてくれる。スマホひとなで、パソコンのクリック一つで、知りたい情報が臨場感あふれるイメージとともに目に飛び込んでくる。ところがここに、ちょっとした落とし穴が潜んでおるのです……。

ネットの仮想体験は〝貸そう体験〟である

インターネットの便利さは否定しません。しかしあまり当てにし過ぎると、たまに「こんなはずでは！」的な体験に出くわすことがあるのです。どんなリスクが考えられるのでしょうか。

たとえば季節や気象の変化、時間の経過により、山は違う表情を見せます。ブログに「とてもるわしい絶景と快適な山歩きを堪能しました！」と書いてあるのを読んだあなたはウハウハしながらその山へ急ぐ。するとお目当てのルートはぬかるみ三昧、ササヤブだらけ、うなじにはマダニ3匹トッピングなんてこともある。また、最近は台風や地震といった自然災害の多発であちこちの登山道が荒れ果て、地図上では一般向けコースのはずが廃道のように劣化しているところもあります。こういう情報が真っ先に見つかればよいのですが、何年も前の平穏な時代の記録だったりするとねえ……。

体調・体力・スキルの違いも無視できません。同じ山の記録でも、ベストコンディションで登った人と、仕事疲れだけどまあええよ的な体調で登った人とでは、その印象の違いは歴然です。投稿者が「はっきり言って小学生の遠足レベル」と断言するコースも、実際には険路の連続だったりする。人それぞれ見方、感じ方、体力、スキルが異なるのです。

最近はトレイルランの記録も目立ちますね。西から東の端まで登山なら2泊3日のところを1日で走り抜ける様子が淡々と書き記されていると、なんだかとてもラクチンなコースに見えてくる。トレイルランの記録であることが明示されていればまだしも、それが書いていなかったり見落としたりすると、コースの距離感や難易度を大きく見誤ることに。ネット上の仮想体験は、あくまでも「貸そう体験」と心得ましょう。

「わかったつもり」にも要注意

一方、「わかったつもり」のリスクにもご注意いただければと。これはどちらかといえば、ある程度登山経験の豊富な人が、ちょっとした油断や慢心から陥りがちなリスクのように思います。

たとえば、バリエーションルートを歩いてみたいが一般の登山地図には載っていない。そこで何はともあれネットに相談する。極秘情報を探索するトム・クルーズのようにキーボードをカタカタとスマートに打ち鳴らす。ネットは何でもありの世界ですから、知りたいルートもすぐに見つかるでしょう。「うむ、これだ！」とすかさずその情報をダウンロードし、登山の準備にとりかかる……ってな感じです。

この結果、手元のわずかな情報と頭に仮保存したイメージだけで「わかったつもり」になってしまい、どんどん突き進んでしまう。「あれえ？　この道でよかったのかなあ……」と言って取り出したのが登山地図ではなく、プリントアウトした簡略図やタブレット端末だったりして。本来はもっと入念に準備すべきなんですけどね。

あれこれ情報を取り込み過ぎて、仮想と現実のギャップがわからなくなってしまうのも考えものですが、この例のようにわずかな情報だけで「わかったつもり」になってしまうのもキケンです。なにしろ自分の登山経験で得たイメージやパターンを勝手に重ね合わせ、これなら行けると思い込んでいるだけなんですから。そこにはこれから自分が歩むルートに立ち現われる状況がどうなのか、未来を約束してくれる情報は一つもないのです。

〝リテラシー〟があれば怖くない！

基本的には、ネット閲覧の際にこうしたリスクがあることを心にとどめておけば問題ないのですが、念のため注意点として整理しておきましょう。

①楽しむ情報と役立てる情報を混同しない

「楽しむ情報」とは文字どおり山を堪能し、満足し、よい思い出作りの参考になる情報。「役立てる情報」とは、山に登って無事下山するまでに留意しておきたいもろもろの実用情報や気がかり情報のこと。両者を取り違えると、本当は気がかりな情報を調べるつもりで見ていたのに、いつの間にか大いに楽しんじゃったということも。

②〝データ〟をしっかりチェック

閲覧している情報がいつ（年度や季節など）の記録か、天候の良し悪し、単独行かパーティ登山か、一般登山かバリエーションかトレイルランか、などのことです。望ましくは、投稿者がベテランかビギナーかについても汲み取るようにしたいもの。古い情報や自分とはかけ離れた経験、体力の持ち主の書いた情報は「こんなはずでは！」を生み出すもとです。

③複数の人の記録をチェックする

投稿の中に、登山道が悪路、通行できない、バス路線廃止といった気がかりな記述が目についたら、なるべく最新かつほかの投稿者の似たような記録も調べておきましょう。目安として3件ぐらいでしょうか。必要に応じて、山を管理する自治体、公共交通機関、山小屋などに尋ねてみることもお忘れなく。

ネット上の情報はどんなにたくさん閲覧しても、しょせん過去の記録にすぎません。自分とは体力も経験も異なる人が、ある時期、ある天候、あるコンディションのもとで歩いた記録なのです。まさに山のようにあふれる情報氾濫の時代だからこそ、しっかりした情報の識別と選択の眼（リテラシー）を身につけておきたいものです。

［今回のまとめ］

- 楽しむ情報と役立てる情報を混同しない
- ネット情報は〝データ〟をしっかりチェック

ああ、カン違い3連発!

平気な顔してウソをつくワタシの記憶

筆者にとって八ヶ岳《やつ》はわりと足しげく通う山ではありますが、一度行ったっきりで、すっかりご無沙汰になってしまった場所も一つ二つあります。高見石《たかみいし》の周辺もその一つ。ある日、八ヶ岳の地図を広げながら「おや、この辺りだいぶご無沙汰しちゃってるねえ」と気づいたのです。はじめて高見石小屋に泊まって以来かれこれ10年近い月日が流れています。すると急に、走馬灯のように懐かしい記憶がよみがえってきたではありませんか――高見石小屋で朝食を終え、小屋の前にある見晴らしのよいベランダのテーブルの前に座り、香ばしいコーヒーの香りを楽しみながら見渡す風景。胸のすくような緑のじゅうたんの中に、鏡のようにぽっかりと口を開けた白駒池《しらこま》……。

懐かしくて、いても立ってもいられなくなったワタクシは、さっそくザックを荷造りして一路八ヶ岳へと向かいました。終点の渋の湯でバスを降り、取り急ぎダイレクトに今宵の宿、高見石小屋をめざします。今日は天気も上々。またベランダの椅子にでも腰かけて、コーヒーを啜《すす》りながら、今度はドラマチックな夕景を心ゆくまで味わおう!

と目論んだまではよかったのですが、山小屋に到着してハタと面食らってしまったのです。あれれ、ベランダからは何も見えんではないですか。ガスのせいではありません。周囲は完全に黒々とした樹林に遮られていて、小屋からは白駒池なんて見下ろせやしないのです。すぐ近くに岩石が折り重なった展望所（これぞ高見石）があるので、そこに登れば眺望が開けることはわかっているのですが、記憶にあるイメージとまったく食い違っているゲンジツに、筆者は大いにショックを受けたのでした……。

山小屋はどこかいな？

晩秋のある晴れた日の午後、筆者は信濃川上の川端下《かわはけ》という集落から徒歩で林道をたどり、奥秩父の大弛《おおだるみ》峠をめざしていました。あいにく中腹から新雪が現われはじめ、次第に歩きにくくなってきたのです。雪があるとは思わずアイゼンを持参しなかったのが悔やまれます。このペースで、もし日没までに峠に着かなかったらどうしよう。大弛小屋はすぐに見つかるだろうかと少し心配になってきました。なにしろ今回のルートはまったく初めてだったからです。しかし、すぐに心配は楽観に変わりました。なあに、たとえ日が暮れても皓皓《こうこう》たる山小屋の灯りですぐにそれとわかるはずだ、と。

時間は瞬く間に過ぎ、稜線の向こうに日が沈んでしまいました。やっと林道が平坦になり、大弛峠付近に着いた頃にはもう真っ暗です。ヘッドランプで照らし出された足元と周囲の木々以外、灯りらしきものはまったく見えません。「山小屋はどこだ?」。筆者は少し焦りながらつぶやきました。林道から一歩外れると雪に凍り付いた樹林ばかり。どっちを見渡しても漆黒の闇が取り巻いているではありませんか……。

ふつう私たちは、地図上に記載された山小屋の記号はゆるぎないものであり、そこに行けば確実に小屋があることを信じて疑いません。しかし日没をむかえてしまうと、このケースのように山小屋のそばまで来ていながら見つけられないこともあるのです。もちろんすべての山小屋が見つけにくいという意味ではない。見晴らしのよい稜線や尾根、山頂近くに立つ小屋は、晴れていれば数キロ〜十数キロ先からでも灯りを確認できます。見えにくいのは立地や気象条件などが影響しているからでしょう。風当たりの少ない、鬱蒼とした森の中の台地や窪地に立っている山小屋などはその傾向がありますし、ガスっているときには山小屋の灯りがガスにかき消され、よほど近くに来ないとよく見えないものです。

南側はぽかぽか、北側はギンギンの寒さ

山歩きがおもしろくなりはじめた初心者にとって、5月はあなどれない月です。4月に桜の花が散り、しばらく好天の日が続くと、日に日にみずみずしくなる新緑の輝きに心をうばわれ、矢も楯もたまらない気分になるでしょう。もっとも曇りや雨の日は一変して肌寒くなるので、山へ行くにはまだ少し早いなと自分を抑える気持ちもはたらきます。しかしこれが5月に入ると、ゴールデンウィークという国民的観光ムードも手伝って、「さすがにもう山の雪も解け、暖かくなったことだろう」と早合点し、軽装のまま山に突入してしまうのです。

次も奥秩父での話です。連休半ばで高速道の渋滞が激しく、毛木平《もうきだいら》から甲武信《こぶし》ヶ岳の千曲川源流コースへ入ったのは昼過ぎになってからのことです。はじめはスタコラと進めましたが、高度を上げるにつれて深い残雪が目立つようになりました。時間を取り戻そうと急いだせいか、疲れて前へ進めません。一歩踏み込んではその一歩を引き抜く二重苦。靴にもレインウェアの裾からも雪が侵入し、冷たくてたまらない。せめてスパッツがあればと後悔してもあとの祭りです。寒風吹きすさぶ夕刻の甲武信ヶ岳の山頂に着いた時、とうとう筆者は低体温症の気配が出て倒れ込んでしまったのでした……。

この時期の１０００〜２０００メートル級の山は、南斜面は地面が乾き、陽だまりは暑いくらいで、新緑とヤマツツジの赤が目を楽しませてくれます。しかし高度を上げるにつれて木々は不機嫌なこげ茶色や枯れ葉色に変わってきます。特に北側を通る登山道は、深い残雪に行く手を阻まれて困難をきわめることも。ここに書いたように、股まで没するような深い残雪に阻まれ、疲労と寒さで低体温症にかかるリスクも待ち構えているのです。

カン違いを裏返せばリスクと危機になる

これら3つはいずれも、むかしむかしの筆者の勘違いによる失敗談です。ひと口に勘違いと言っても中身は異なります。一つ目は「記憶違い」。記憶というものは時間が経つとうまい具合に編集されちゃうものだなあとわれながら感心しました。二つ目は「思い込み」。てっきり山小屋の灯りというのは、灯台のようにランドマークになるものと思っていましたが、ほとんど何も見えないことがあるんです。三つめは最も初歩的な季節の移り目に起こる「油断」もしくは「早合点」。登山経験の浅さからくる通過儀礼的リスクとも言えます。

なんだ、ただのカン違いの話かとあなどるなかれ。これらはいずれもリスク→危機の顕在化につながる危うさを秘めているのです。先ほど述べた筆者の「記憶違い」の例は人畜無害でしたが、これがルートの分岐などで起こると道迷いにつながります。すでに登ったことのある山で起こりやすいものです。次の「思い込み」もまた道迷いや気象遭難などの有力候補。「油断」や「早合点」もさまざまなアクシデントの原因となるでしょう。なぜそう言えるのかは、本書を一通りお読みいただければ一目瞭然です。説明をはしょってごめんなさい。

そして、これらの勘違いについてもう一つ大切なことを指摘しておきたいと思います。それは、勘違いによるリスクは経験の有無や単独かパーティかに関係なく起こるということです。例えば2012年の大型連休終盤の北アルプス白馬岳《しろうま》で起きた悲劇。医師や獣医師からなる中高年パーティ6人が、軽装で充分な防寒具を持たず、低体温症で亡くなっているのが発見されました。パーティにはベテランの人もいたと言いますから、なんらかの大きな「勘違い」が作用したとしか言いようのないものです。

【今回のまとめ】

・カン違いはシリアスな遭難、事故の有力候補

コワイはアブない!?

山好きな人はコワイもの好き

「誰か何かシゲキ的な話してチョー！」。あいにくの雨に祟られ、山小屋やテントの中で停滞を余儀なくされたりすると、パーティご一行の中にはヒマを持て余してこんなことをねだる人も出てきます。すると必ずこれに応える語り部も一人、二人はいるもの。とても真剣な顔つきで、「実は、誰も信じてくれないと思って言わなかった奇妙な話があるんだ」みたいな雰囲気で語り始めるのです。

「それは、ガスの垂れこめた寒い日でね。ボクは薄暗い森の中を足早に下山していた。すると、前方に何やら宙に浮いているような白っぽいものが目に止まったんだよ。怪訝《けげん》に思いながらも、とにかくその正体を確かめようと近づいていった。次第に形がはっきりしてきたそのとき、ボクは恐怖のあまり体が凍りついてしまった。宙に浮いた白っぽいものの正体は、なんと木の幹に張り付けられた人の生首じゃないか……！」

なかには眉にツバをつけたくなるようなストーリーもないではありませんが、山ではこのように、時としてちょっと面食らうようなコワイ体験やフシギ体験をすることも稀ではありません。なぜこうした体験が本テーマであるリスクマネジメントと関係があるのかって？

どうにも説明のつかない不可思議現象（以下チョージョー現象と称す）に遭遇したとき、私たちはわけもなく不安に襲われたり身の危険を感じたりするでしょう？

それが私たちに本当に実害を及ぼすものなのか、そうでないのか、このあたりをきっちり整理してみようという魂胆なのです。

さてさて、それでは始めましょう。心の臓の弱い方は、読むのをお控えいただいたほうがよろしいかもしれません……。

人畜無害なチョージョー現象

チョージョー現象には二つの種類があります。ここではその一つ、見たり聞こえたりしたからといってどうなるわけのものでもない、リスクや危機とは無関係かつ無害の現象についてのお話です。

まず手始めに「ブロッケンの妖怪（ブロッケン現象）」。これを見た人には不吉なことが起こると言われています。が、虹色の輪の中心に映り込む人影は誰あろう、自分じゃありませんか。これなどは条件さえ整えばあちこちの山で見られますから、単なる気象現象にすぎません。

次に「なぞの足音」。夜中になんとなく胸騒ぎがして目が覚める。すると人けのない避難小屋の床の上とか、テントの周囲とかを何者かが歩き回る音がする。ミシッミシッ、カサッ、カサッ……と。あなたはおびえる子ウサギのようにドキドキしながら、じっと聞き耳を立てる。しかしこれらは、昼夜の温度差による木や板の収縮、風のいたずら、枝葉から滴り落ちるしずくの音、夜行性動物の歩き回る音などが正体です。夜中に目が覚めたのはトイレに行きたくなったからです。

単独行者などがたまに経験するものとして、奥深い山中を何日も人と会わずに歩いていると、人恋しさからか、一瞬ありえない場所に人影を認めたり、ざわざわと複数の人が話す声を耳にしたりすることもあるでしょう。あるいは長い行程を歩き倦んで「山小屋はまだかいな」「いつになったら里に着くのだろう？」と思っていると、ふと赤いトタン屋根の家が木陰にのぞいたりする。やっと着いたかと思いきや、すぐにそれは跡形もなく消え失せて、もとの深い森の姿に戻るのでありま す。

いずれにしても、これらはほんのささいな自然現象、あるいはちょっとした疲労や気持ちのゆらぎからくる思い込みや錯覚とみるのが自然でしょう。

なかにはちょっとアブないものもある

しかしなかには、見過ごすことのできない、ちょっと危険信号的なチョージョー現象もあります。道迷いでは、見てはいけないものが見えてしまうことがある。どちらに目を向けてもルートがはっきりしない。こりゃ大変だ！と焦り、正常な判断ができなくなる。ついには脳や意識が勝手に登山道を作り出してしまうのです。たまたま草木が生えていなくて直線状に土がむき出しになっているところをじっと見ているうちにトレースに見えてしまう。樹林の中に人工的な看板らしきものを認め、「道標だ！」と喜び勇んでヤブをかき分けていくと、そこには何もなくてヤブばかり。道なきところに道や道標が見え、どんどん深みにはまっていく。まさに異界からの招きといったところでしょうか。

また、疲労が激しいときや精神が不安定なときの幻覚や幻聴には要注意です。これも道迷いの話になりますが、ビバークを余儀なくされたある人が、一晩中、巡礼者の鈴の音が耳について眠れなかったという話。夜中に何度もクマがやってきて邪魔をするので足蹴にしてやったという話。これらは、幻聴や幻視以外の何ものでもないように思われます。

このようなリスキーな現象から逃れるすべはあるのでしょうか。何かオカシなものが見えた、聞こえたと思ったとき、その気味悪さや怖さをストレートに受け止めてしまっては負けです。まずは「今の自分は、大丈夫か？」と口に出して自分に問いかけてみる。ひどく焦ってはいないか、頭が混乱してはいないか、あるいは激しい疲労や体調不良に陥ってはいないか。このように、いち早く恐怖から覚め、現実の自分に引き戻して、今の心身状態の良し悪しに気づくことが肝要だと思うのです。

山はミステリアスなほどおもしろい！

ところで冒頭の「生首」の話、続きが気になった方もいるでしょう。何を隠そうこれは筆者の体験談なのです。この衝撃的な出来事の後どうなったのか。一瞬生首にも見えたその物体とは、実は木の幹のちょうど人の背丈ほどの高さに生えていた肌色のキノコのかたまりだったのです。

最近の脳の研究によれば、私たちにとって顔を識別する能力はとても重要なことなのだとか。相手の顔の表情が友好的なのかそうでないのかを瞬時に見分けないと、ヘタをすると危険に巻き込まれるリスクがあるわけです。こうした脳の仕組みが過剰に働いて、人以外のものにまで顔の輪郭や目や口の形を見いだしてしまうらしい。筆者が見た恐怖の生首キノコなんぞは、人面魚もしくは、テーマパークのコンクリート壁のシミに「隠れミッキー」を見いだすのと大差はないのでしょう。

また、私たちがお互いに安心して生活を送るためには、相手が何を思ってどう行動しようとしているのかを察知する必要がある。このような働きが脳にあるために、まったく意味のない音や動きにまで人間の行動に似たものを関係付けてしまうのです。先に述べた「なぞの足音」なんかは、まさにこれにピッタリではありませんか。

しかし、こうした現象をなんでもかんでも白日の下にさらしてしまっては、少し味気なくはありませんか。山はミステリアスなところがもう一つの魅力なのですから。体調の異変や心理的なパニックからくるチョージジョー現象は、早く気付くに越したことはありませんが、無害なものはそのままチョージジョー現象として楽しもうではありませんか。山登りの思い出も、それだけ変化に富んだ印象深いものになるでしょう。

[今回のまとめ]

- 無害な不可思議体験は大いに楽しむべし
- 心身の変調からくる幻視、幻聴は早めに気付こう

図表3：山の怪談・不思議現象に関するアンケート

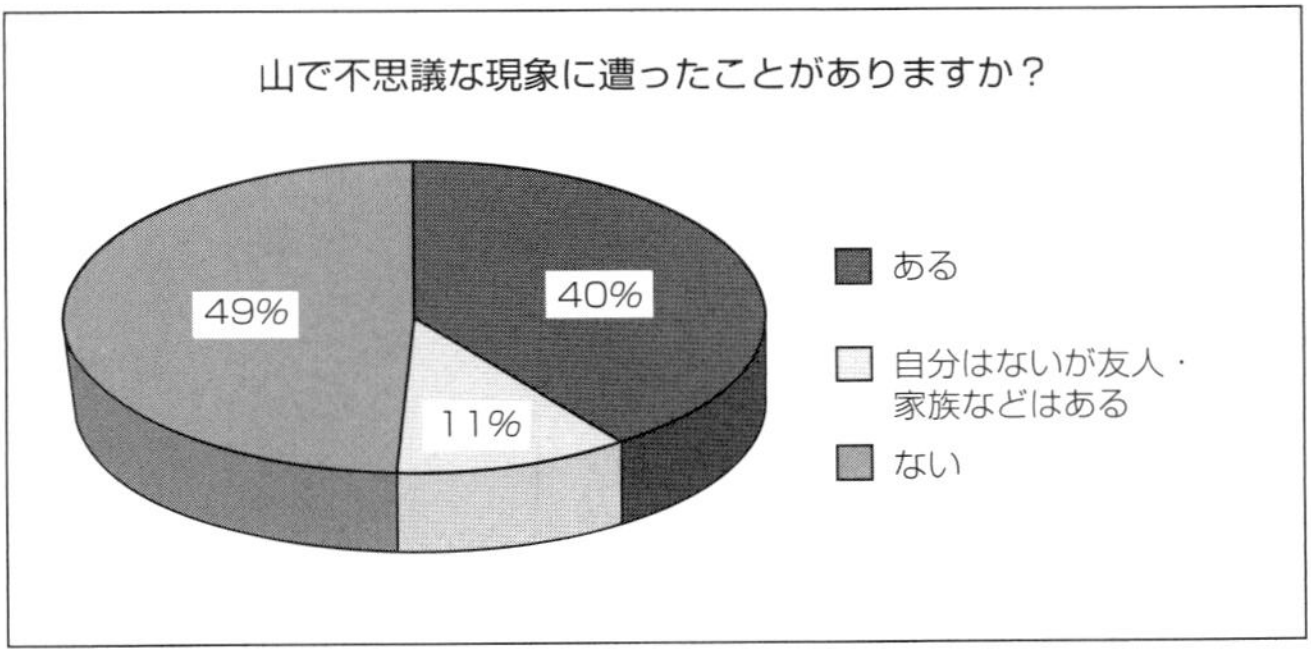

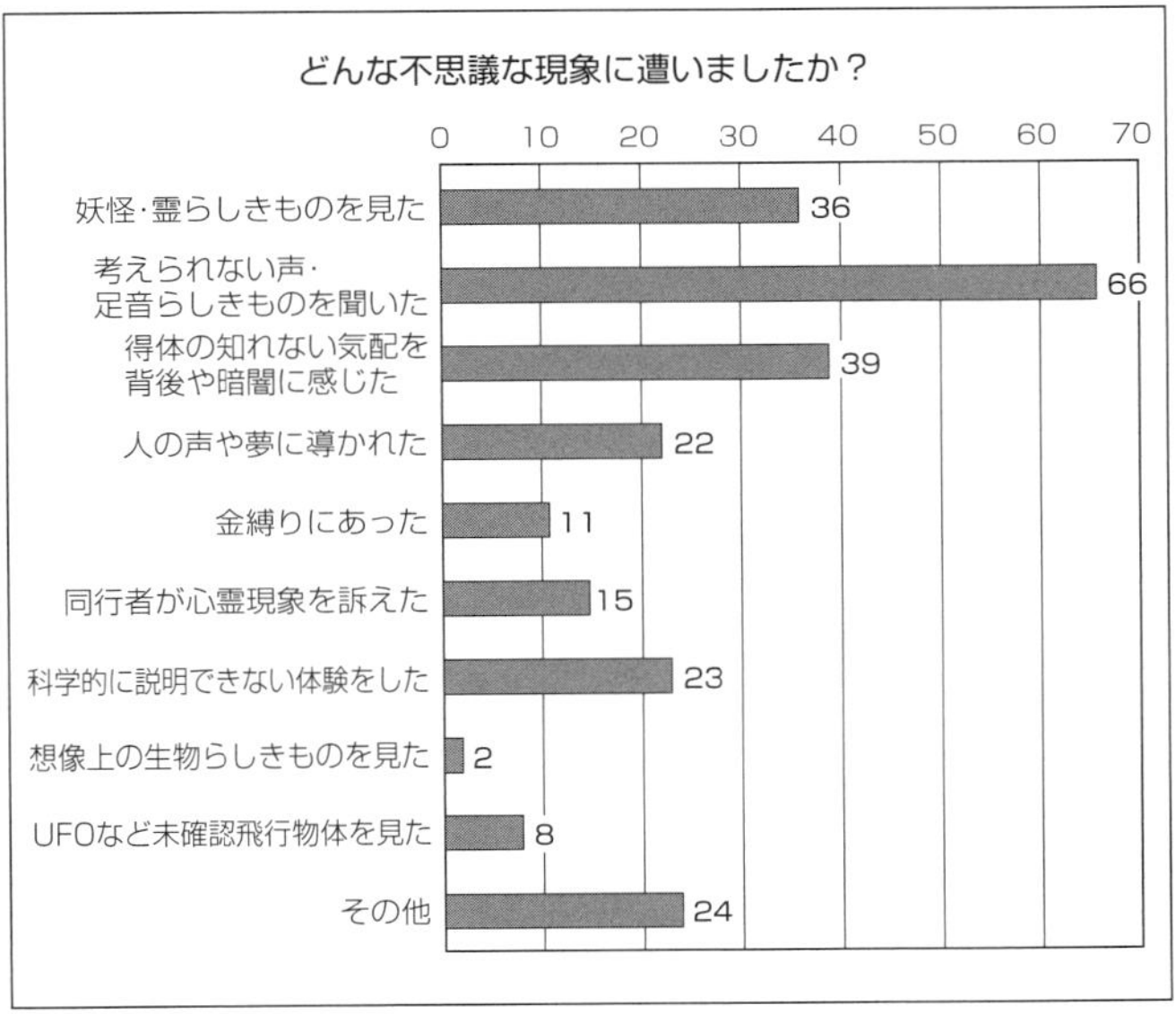

山の怪談・不思議現象に関するアンケート調査
（「ヤマケイオンライン」みんなの登山白書）より
http://www.yamakei-online.com/research/sankai_1.php

変化めまぐるしきは山とて同じ

ツイテいけないあなたに

世の中変化が激しくて、「ついていけなーい！」と感じるのは筆者だけでありましょうか。何かとてもめまぐるしく移り変わって、呼吸も荒くなりがちな今日このごろです。携帯電話がスマホに、切符がＩＣカードに移り変わったのも今は昔の話。そして意外にも、「変化」にさらされているのは山も同じなのです。ただし下界の変化はわりと便利さをもたらしてくれるのであまり抵抗はないでしょうが、山を取り巻く状況が変わると、不便さや危険性が高まるという歓迎すべからざる事態が待っている。どういうことでしょうか。

シーズンオフの足慣らしに近郊の低山を歩き回ることの多い筆者ですが、昔ならのんびりした気持ちで山に入っていたのに、最近はそうもいかなくなった。ちょっとばかり疑心暗鬼と警戒心が芽生えてしまうのです。たとえば、今年買い替えたばかりの登山地図を手に路線バスで登山口に向かう。しかし下車すべき停留所のアナウンスがない。あれ？と思って運転手さんに尋ねると、最近、バス停の名前が変わったとのこと。

山に入るとこれまたシンドイことに。地図上では一般向けコースであることを示す赤い実線のルートをたどってみる。すると山麓の車道は路面のコンクリートがはがれて草ぼうぼう、登山道に入ってからは枯れ枝、枯れ葉、倒木のオンパレードで不明瞭、古いグズグズの作業道が多数交錯するも道標がないために何度もあちこち行きつ戻りつする。ほとんど廃道、なんてこともある。

こんなことを書くと、記載情報が古いぞ！と登山地図さんに文句をつけているだけのように見えるかもしれませんが、実はそうではない。この変化の激しさは誰の手にも負えない不可抗力ではあるまいかと。それこそリスクマネジメントの出番なのではないかと私は無理やり関連付けてみたのです。以下、いつになく真面目な話なので、少し襟を正してお読みいただければ幸いでございます。

なんでこんなに変わっちゃうの？

山は常に変わることなく、不動の姿で私たちを見守ってくれています。山を眺めていると、えも言われぬノスタルジックな気分になるものですが、私たちはそこに今も昔も変わらない心のふるさとを見ているからなのでしょう。ところが今や、いつもの電車とバスを乗り継いで、いつものバス停で降りれば、いつもの登山道が歓迎してくれるとは限らなくなりました。懐かしき「この道はいつか来た道……」どころか「つわものどもが夢の跡」的な世界。山頂と私たちをつなぐ状況が、気付かないうちにどんどん変わりつつあるように思います。いったいなぜなんでしょうか。考えてみるに、ここにはいくつかの原因が思い当たるのです。

まず、その最たるものは自然災害の多発でしょう。私たち人類が招いた地球温暖化がどうにも止まらない今、おテントウさまもご機嫌ななめを通り越して怒り心頭気味ではござんせんか。しょっちゅう起こるゲリラ豪雨や台風がそれですよ。おまけに、今や地球規模で活動期に入ったといわれている地震の影響も無視できません。場所は違いますが、ネパール地震に誘発されたエベレストの雪崩、マレーシアではキナバル山の地震による落石やがけ崩れで、何人もの登山者が命を落としました。もはや当たり前のように頻発する異常気象と地震。この二つで山は次第に荒れていく一方なのです。

山が荒れると登山道も荒れます。道迷いや滑落のリスクが高まるのです。ワタシなんぞは「道迷いの原因は私たちの心の中にある」などと主張しておりますが、昨今はこのような道迷いのきっかけを作ってしまう典型的な場所、ルートも増えているようです。

私たちの側にもそれぞれの理由が……

そしてもう一つ、ちょっと新聞の社会面などにも目を通しながらつらつら考えてみるに、山を取り巻く状況が変化する別の事情も見えてくる。たとえば、山を管轄する市町村では過疎化や高齢化が進み、町もさびれ、充分なお金が入ってこない。古くなった一般道路や橋を直すのが精いっぱいで、古きよき登山道を整備しようなどという余裕はなくなっているのでしょう。過疎化の進んだ地区では、小中学校の廃校も進んでバスに乗る人がいなくなる。すると便数の削減はもとより、路線変更やバス停名の変更、最悪の場合は路線廃止になることも、まれではありません。

一方、荒れ果てるばかりと思いきや、気まぐれのように急に山が手入れされることもある。林道拡張工事で木が伐採され、うねうねと白い砂利道ができ、見通しがよくなって風景が一変する。あるいは廃道寸前の山道がトレイルラン専用のコースに変身して、「ホイホイコース30㎞はこちら」なんて看板ができていたりするのです。

良くも悪くもこうした変化の激しさは、当然のことながら登山地図にも影響を及ぼさずにはいられません。冒頭で述べたように、最新版の地図といえども山を取り巻くダイナミックな変化に追いついていないのが現実です。特に網の目のように張り巡らされた登山ルートなどは、どこが安心して歩ける一般道で、どこが打ち捨てられた廃道なのか区別がつかない。登山地図を執筆する先生方も、年がら年中、すべてのルートをチェックしているわけではないし、地図の改訂には半年から一年あまり時間がかかるので、どうしても記載内容と今現在とのタイムラグが生じてしまいます。

「変化」を迎え撃つ二つのポイント

こうした変化に対し、自然の成り行き、社会の宿命だから仕方がないなどと言ってはおれません。とりあえず、私たち一人ひとりにできる身近な対策をご提案申し上げましょう。

①リスク織り込み済みの登山計画を作る

このような変化にさらされてあらためて気付くのは、「やはり山というのは油断できない特別な場所なんだな」ということ。便利さに慣れてしまうと、山さえも文明生活の延長にある安全が保証された場所と思い込みがちです。私たちとしては、地図に記載された登山ルートが「いつもどおりそこにある／利用できる」という見方を少し割り引いて、〝変化のリスク〟を織り込み済みとして登山計画を立てる必要があるのではないかと思うわけです。

②最新の登山地図とリアルタイム情報の収集を

5年も10年も前に買ったヨレヨレの登山地図に愛着がわき、簡単には手放せない人も少なくありません。が、昔に比べ変化が早まり、そのリスクが高まっている現実を悟ってくださいまし。ただし、先ほど述べたように最新の登山地図を持つだけでは充分ではないので、山小屋や自治体のウェブサイト、コミュニティサイトなどをどしどし活用し、可能な限りリアルタイム情報を入手するに越したことはありません。

山も格差が進んでいます。有名な山や地元の人々が観光やトレイルランなどに力を入れている山は、よく整備されていますが、そうでない山（特に１０００ｍ以下の低山など）は手入れされず放置されたままです。もし、有名どころは一渡り登ったから次回からはちょっとマイナーな山を、とお考えなら、これらを心得ておきましょう。

［今回のまとめ］

・山は私たちの気付かないうちに変化している
・特にマイナーな低山歩きは、最新かつ入念な情報収集を

第2章

こんなときどうする?

まずは落ち着くが勝ち！

世の中うまくいかないのは山でも同じ

マーフィーの法則に「うまくいかない可能性のあるものは、いずれうまくいかなくなる」というのがあります。なるほど、言われてみれば確かにそうだ。なんとなく気が進まないまま山に出かけると、バスに乗り遅れるわ、ライターを忘れてガスバーナーで調理できなくなるわ、むくつけき木の根っこにつまずいて捻挫するわ……。こんなときは、なぜ山はこうも不条理なのか！と偶然なる失敗を嘆きたくなるのは筆者だけではないでしょう。

この点、昔の人々は実に謙虚でした。北米インディアンのある部族の男たちは、自分の気持ちが乱れていると会合には出かけなかったし、古代ローマ人は、家を出るとき敷居でつまずくと、自分が抱いている思惑や予定を取り消しました。身に降りかかる〝偶然〟は、彼らにとっては脅威だったのです。

翻って現代人のあなた、こんな昔の人々を一笑に付せますか。これらは一見して単なる思い過ごしや迷信のようにも思えますが、あながち理由のないことではありません。気持ちの乱れは怒りや争いのきっかけとなるかもしれず、足がつまずくようなときは注意力が散漫になっているからケガをしたり、場合によっては命を落とすかもしれない……。彼らには、そんな本能や直感が働いていたのでしょう。

では、山での偶発的な危機と私たちはどう向き合えばよいのか。なに、難しいことではありません。古代人の素朴さと謙虚さに匹敵する心構えを披露しましょう。次のように自分に言い聞かせるだけです。

「山ではすべてが予定どおりにいくとは限らない。予定半分、偶然半分でいこう」

このような心構えをもつだけでも、少し気がラクになろうというものです。登山計画はゆとりのあるスケジュールを組めるでしょうし、万一のことに遭遇しても慌てず騒がず、「まあ、こんなこともありだね」と落ち着いて行動できるのではないでしょうか。

私たちはガッツリ感情に支配されている

と、このように主張してはみたものの、依然として少し割り切れないものがある。それは、「雷雨に遭遇」「道に迷う」「クマに出くわす」みたいな冷や汗たらたらの危険にさらされたとき、本当に自分（たち）は平静でいられるのか？　という疑問です。

こんなとき、もし頭が混乱してパニックになったりすれば、それはさらなる危機を呼び寄せることになる。焦りや混乱で心拍数が上がり、息遣いが荒くなります。目の前の現実が受け入れられず、そこから逃れようとがむしゃらに動きまわります。あげくの果ては滑落や転落その他、最悪の事態にもつながります。

なあに、ウチらはいつも団体行動とっているし、登山一筋40年の沈着冷静なベテランリーダーもついとるからそんな心配全然ない！　このように油断している人はいませんか。混乱やパニックに陥るのは単独行者ばかりとは限りません。たとえ団体行動をとっていようとも、危険地帯や暴風雨のなかを無事に歩き通せるかどうかは、あなた自身がいかに「自分を見失わずに冷静さを保てるか」にかかっているのです。不安や恐怖で心が萎えたら、体まで動かなくなるかもよ。ほかのメンバーの足を引っ張ってパーティ全員大迷惑、なんてことにもなりかねまへんて。

そこで、うっかりこのような不運の連鎖に陥らないように、自分の心を追い込まないための工夫をすることも大切なのです。「予定半分、偶然半分」や「こんなこともありだね」を偶発的な危機に対する心の予防策とするなら、こちらはその危機が顕在化したときの〝心の初動対応〟と呼んでもよいものです。

では、〝心の初動対応〟とは、具体的にはどのように対処することなのでしょうか。これは、もしあなたが災害や事故に遭ったとき、真っ先に何をするのかをちょっと考えてみるとすぐにわかります。そうです。「気持ちを落ち着かせること」。これ以外にはあり得ません。

何はともあれ自分を落ち着かせるために

気持ちを落ち着かせるための知恵は人それぞれです。ここで述べる3つの方法も、筆者個人の経験から割り出したものにすぎませんが、参考までに提案させていただきます。

①深呼吸と一杯の水

突然、身に危険が迫ったり、深刻な事態に直面すると、私たちは呼吸が浅くなって心臓の鼓動が速くなります。頭の中が混乱し、正常な判断や思考ができなくなります。そんなときは何よりもまず落ち着くことを考えなければいけません。特別な準備や工夫はいりません。まずは、一つ二つ大きく深呼吸です。ついでに水筒の水を一杯飲む。あるいは顔にバシャッと水をぶっかけてもいい。こうすることで、不安でパンパンになった心の危機は、とりあえず解消されます。

②落ち着いて周囲を見渡す

不安や焦りが高まっているときは、視点も思考も安定せず、ギクシャク感でいっぱいになりますね。そんなときは目の前の問題に根詰めて対処しようとはせずに、ひとまず意識をそらすことをおすすめします。たとえば眼の力を抜き、周囲をぐるりと見渡す。あるいは時計を見る。「おっ、まだ時間的に余裕あるぞ」みたいな感じで。これだけでも気持ちは落ち着き、視野は広くなり、次のステップを考えられるようになるでしょう。

③ジョークを口に出す

過酷なサバイバル状況を生き延びた人たちには、ある共通した行動が見られます。「ジョークを口に出す」ことです。非常時にジョークなんて不謹慎じゃないの？とあなたは思うかもしれませんが、それは平時の発想。ジョークは緊張を解き、次に何をすべきかを判断、思考するための余地を提供してくれます。単独行でもパーティでも、ユーモアのある一言を口に出すことで、目の前の張り詰めた不穏な空気を吹き払ってくれるでしょう。

落ち着きながら慌てよう

これであなたも緊急時の心構えは万全！と言いたいところですが、ちょっと誤解のないよう一言コメントさせていただきます。ここに述べたことは、何が何でも慌てずにゆっくり行動しましょう、ということではありません。偶発的な危険に直面したら、とりあえず〝パニック停止ボタンを押そう〟みたいなことなんです。いかなる場合もゆっくり行動していたら、落石や鉄砲水、雷雨の際に必要な緊急行動に失敗して、余計に危険な状況に追い込まれてしまうかもしれませんからね。

ちなみに、緊急時に切迫した危険性を認知できずに逃げ遅れてしまう心理の一つに「正常性バイアス」と呼ばれるものがあります。ビル火災や事故を起こした船から大勢の人が逃げ遅れて悲惨なことになってしまうケースにも、少なからずこのバイアスが働いているわけです。

心の動揺を鎮めることとは、不安や恐怖といった感情の暴走を食い止めることだけが目的ではありません。不要な正常性バイアスにはまり込まないための措置でもあるのです。また、人は目前の危機から脱する選択肢（逃げ道）が見つからないとパニックになりますが、気持ちを落ち着けることで、その選択肢を見いだすゆとりをもつこともできるのです。

［今回のまとめ］

・登山は「予定半分、偶然半分」
・心を落ち着ける知恵――「深呼吸と水」「問題から意識をそらす」「ジョーク」

私はコレで道に迷いました

“うっかり”がそもそもの始まり

石畳のような立派な登山道を前に、リーダーは全員に声をかけました。「なかなかよい道じゃないか。さあみんな、行こう！」。一行は力強い足取りで出発したのです。

ところがしばらく進むうちに、なんとなく歩きにくくなってきました。石畳と思っていた道は次第に大小のゴロゴロ石に変わり、右から左から枝葉を伸ばした灌木が天井を覆い、かなり腰をかがめないと進めない状況に。しんがり君が少し不安そうに訴えます。「リーダー、この道、ボク的にはちょっとヘンではないかと……」。

指摘を受けたリーダー、なぬ?という顔をしたものの、やはり自分でも気になったらしく、しばしあたりをうかがってみたのです。そしたらなんと、少し離れた林の奥に、中高年の面々が楽しそうに歩いているのが見えるではありませんか。なんのことはない、リーダー一行は、登山道と並行する涸れ沢に迷い込んでしまったのでした。

これは道迷いとも呼べない単なるうっかり話の類ですが、多くの場合、こうしたありふれた勘違いの延長上に道迷いがあることも確かなのです。しかも、ちっぽけなミスだけに、その原因や予防策が顧みられることもない。どこで、なぜオカシな道に踏み込んでしまったのかを振り返り、「たぶんあれだ！」と自分なりに合点し、以後注意するのは大切なことなのですが……。

と書いてはみたものの、実際問題として同じ場所を通るのでもないかぎり、次回以降にその原因と対策が生かせるような場面や場所に行き当たることはめったにありません。何の予兆もなしに気がつけば「あれま？」という感じで迷っているのです。このように厄介な道迷いリスク、どう対処すればよいのでしょうか。

道迷いが起こる理由のあれこれ

道迷いには実にさまざまなケースがありそうです。たとえば教科書どおりの「道に迷いやすい場所やルート」の存在。どっちにでも歩いていけそうな疎林や広い河原、真っすぐな道と思いきや、いきなりポキッとあらぬ方角に折れ曲がるフェイントコース。古くて文字が不鮮明、ヤブに覆われて目に付かない道標。尾根には仕事道やけもの道が、谷には沢登りの人たちの踏み跡が入り乱れています。木に巻き付けられたテープをたどっていったらコースアウトしてしまった、という話も。

そのときどきの気象条件や地形の変化がもたらす道迷いもあります。風雨やガスの稜線などで方向感覚を失う。雪渓歩きや沢の徒渉では、残雪や水量によっては登山道が途切れて見えなくなることも。豪雨で登山道に水が流れ込み、山道と沢の区別がつかなくなって沢に迷い込むといった事例もあります。

最も厄介なのは、私たち自身が道迷いのきっかけを作ってしまうケース。重要な分岐なのにそこを通ったとき、たまたま考えごとや脇見をしていて道標やペンキの目印を見落としたとか。通行困難な場所に出くわしたとき、戻る手間を惜しんで早く林道に出ようとヤブの中をショートカットして迷う人も。もうすぐ日が暮れる、最終バスに遅れそうだ、などの理由で焦っていて登山道からはみ出してしまうとか。ここは前に一度来たところだから迷うはずがないといった慢心。ちょっとしたデキ心でコース変更し、方角がわからなくなったりする、などなど。

〝地図確認〟は道迷いを避ける最大の防御

道迷いに至る原因らしきものをあれこれ書き連ねてみましたが、あぶくのように湧いては消える心理的な要因や錯覚みたいなものまで含めたら、これらは氷山の一角にすぎません。したがって、これら一つ一つについて対策を考えることには限界があり、労多くして功少なしと筆者は考えています。

このような性格からいっても道迷いに特効薬などなさそうですが、それでもほとんどの人は、たとえ道に迷っても無事に正しいコースに復帰できています。おそらくそれは、意識するしないにかかわらず、「要所要所で登山地図を開いて現在地を確認する」「おや？と感じたらすかさず地図で確かめる」。この二つを小まめに実践しているからでしょう。

立ち止まり、地図で現在地を確認することは、必要とあらばいつでも予定を見直したり、来た道を戻る用意があるという姿勢の表われなのです。道迷いでは「せっかくここまで来たのに、これまでの時間と労力をムダにはできぬ」というケチな心理が働きやすいのですが、こんなとき地図を開けば、ずるずると惰性で進もうとする自分に割り込みを入れて、心身をリセットできるではありませんか。

残念なことに、最近は登山地図をあまり見ない人や持たない人も見かけます。インターネットから部分的な概略図や解説ページだけをプリントアウトして持参するといった横着先生も。これらは補助的に使用する分にはよいのですが、登山地図の代わりに、ということなら今すぐ考えを改めなくてはいけません。手間を省けばそれだけ道迷いのリスクは高まるばかりです。

何はともあれ〝戻る〟が勝ち

とはいえ、地図確認さえ怠らなければ絶対大丈夫、というわけにもいかないのが山のあなどれないところ。何度か地図をチェックしながら歩いていても、いつの間にか確信が揺らいできて、「この道でよかったのかなあ……」という不安に取って代わっていることもあるでしょう。そんなときは早めに「撤退」の決断を下さなければなりません。その撤退の頃合いはどのあたりなのか。筆者的には次の3つが目安かと。

①これって登山道?

登山道らしくない(荒れた道、補助ロープも鎖もない急傾斜の道、周囲にペンキ目印の見当たらない岩場、落ち葉や腐食土でグズグズになった崩れやすい道など)ことに気付いたとき。この場合はいつもの〝山道の顔〟(詳しくは190〜191ページ参照)を思い出し、よそよそしくてなんとなく不安や胸騒ぎを感じたら、確信のもてるところまで引き返しましょう。

②距離や時間感覚にズレがある

地図上で確認したポイントまでの距離や所要時間が、どうも歩いている実感とそぐわない、距離も時間も予定をかなりオーバーしている、と感じたらそこでストップ。地図で再確認し、不安ならば確信のもてるところまで引き返すことを考えます。

③地形も風景もだいぶ違うなあ……

現在の地形やそこから見える眺望、日の差している方角などから考えて、どうみても自分の予定したコースとは違うようだ、と感じたらそこでストップ。確信のもてるところまで戻ることを考えなくてはなりません。

道迷いは、歩く勢いがつきやすい下降中によく起こるといわれています。したがって、ここで述べた「撤退」や「戻る」は、主に尾根や稜線上をめざして登り返すことを指しています。山は上に行くほど尾根がまとまり、見通しが利くようになりますが、下に行けば行くほど尾根が複雑に枝分かれし、樹林に視界をさえぎられて見通しが利かなくなります。ずるずる下降を続ければ、登り返す体力と気力を失ってしまい、後戻りできない危険な状況に陥っていくのです。

［今回のまとめ］

・〝おや……？〟と思ったら地図確認
・心の迷いが生じたら、戻るのが一番

図表4：遭難者数の割合と道迷いのパターン

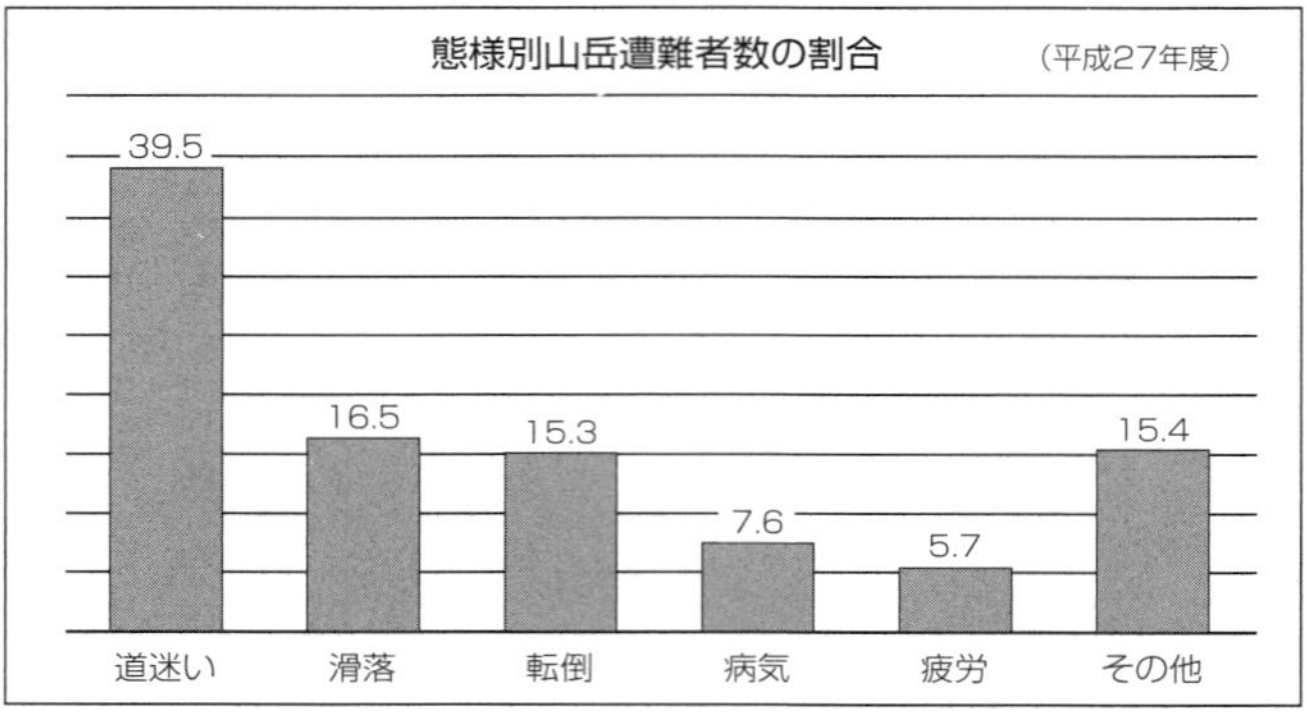

態様別に見ると、道迷いが39.5%と最も多く、次いで滑落が16.5%、転倒が15.3%を占めている（グラフは警視庁生活安全局地域課「平成27年における山岳遭難の状況」より筆者が作成）

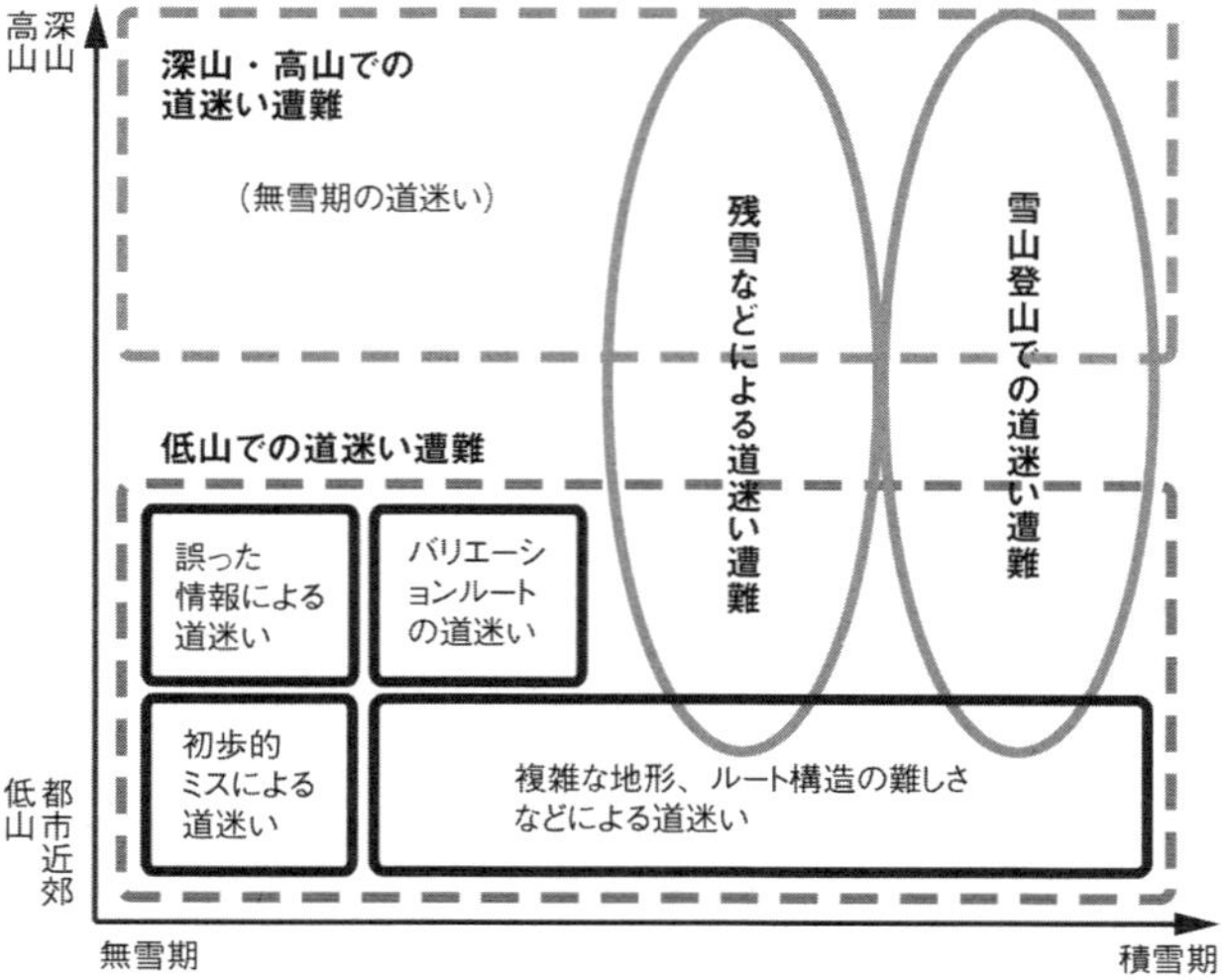

■道迷い遭難のパターン：
野村仁著『ヤマケイ新書　もう道に迷わない』（山と溪谷社）の121ページより

とどまれない理由

おっくうな朝を迎えたら……

山小屋でもテントでも、ひとまず一夜のねぐらを確保して横になるとき、翌朝の天候を気にかけない人はまずいません。期待どおりの好天の朝を迎えたら申し分ありませんが、天井をたたきつける雨音で目覚めた朝などは、なんともやりきれない、おっくうな気分になるものです。

今、まさにそうした朝を山小屋で迎えたとしましょう。あなたは今日一日をどう乗り切るでしょうか。この雨のなか、鎖やハシゴが連続する（とガイドブックに書いてある）未知の岩場をよじ登り、頂上を越えて次の目的地までの数時間を歩き通すべきか否か……。

いっそのこと一晩お世話になったこの小屋に、もうしばらくとどまろうかと出発を引きとめる自分がいる一方で、いや、このくらいの天候は山にはつきものだ。ひるんではいけない、と叱咤激励するもう一人の自分がいる。

行くべきかとどまるべきか、玄関でぐずぐずしていると、廊下を足早に通りかかった同宿のオニイサンが立ち止まって言うのです。「じきにやむと思いますよ。これぐらいの雨なら平気。ボクならこのまま山頂越えて行っちゃうけどね」。

基本的には、行くもとどまるもパーティならリーダーの、単独行なら単独行者自身の判断の問題です。どちらにしても、無事に登って下りてくることを目下の最大目標としなければなりません。そのためにもちょっと気持ちを落ち着け、こんなときの影響と対策をイメージして、適切な判断が下せるようにしたいものです。

〝とどまれない理由〟の数々

ところで、私たちの多くは、暴風雨のような強烈な悪天候でもないかぎりは、「とどまれない」「行くしかない」と判断することが多いのではないでしょうか。「とどまれない」といっても、その動機や理由は人それぞれです。

たとえば「寒いわ、濡れるわ、滑るわで危険きわまりない」「どっちを向いてもガスのなか。景色が楽しめないなんてつまらん」との理由で、早々に下山を決意するオーソドックスな撤退派。逆に「貴重な休暇をこのまま無為に過ごしてはもったいないでしょ」「山の天気は変わりやすいのさ。ジキに雨やんでお天道さまが笑顔をのぞかせるに決まっとる」と、予定どおりにコースをたどろうとする前進派の人も。

雨のなかをぞろぞろと出ていくパーティを見送りつつ、「みんな平気で出かけたぞ。ボクらも出発しようよ」と、ほかの登山者たちの行動に右へならえする少人数グループや単独行の人もいるでしょう。まさに「赤信号みんなで渡れば怖くない」的な集団心理です。

あるいは、わりとよくある理由の一つとして、下界からの吸引力のような力が働いて、とどまろうかという気持ちを打ち消してしまうこともあります。登山者の多くは家族と仕事、早い話が世間のしがらみをもっている人々でもあります。長居は禁物、このまま停滞していたら下山が遅れ、道路の渋滞に巻き込まれ、家に着けばカミさんに小言を言われ、子どもにいびられ、ペットを預けた隣人に迷惑顔をされ、おまけに会社の上司からキツイお叱りをいただいてしまう……といった被害想定が目に浮かぶわけです。ある意味、雨風よりも気が重くなる現実があとに控えているといってもよいのかもしれません。

悪天候のリスクをイメージして心身の準備を

とどまれない理由は人それぞれとして、問題は、予定どおり進むも下山するも、そこには悪天候特有のリスクを覚悟せねばならないことです。「なんとかなるやろ」ではちょっとアブナイのです。

ではどんなリスクと対処方法が考えられるのか。地面が滑りやすいので転倒や滑落に細心の注意を払うことは織り込み済みとして、ここではワーストケースとして次の3つを指摘させていただきます。

一つは「通行困難」というアクシデント。折れた太っとい木の枝や幹が登山道をふさいでいるなどは序の口、登山道に土砂が流出して通れない、沢が増水してルートが判別できないといった現実に直面するかもしれません。増水の危険のないエスケープルートの選定を行なうにしても、万一通行困難な場所に出くわしたら、潔く戻る覚悟を心にしのばせておくことも大切です。

次に「体力低下」や「疲労」。風雨のなかで濡れたものを長時間身に着けていると低体温症の危険も出てきます。こんな時には休憩もままならず、先を急ぐことばかり考え、水分や行動食をとらなくなってしまいます。全身ずぶ濡れで皮膚感覚がマヒしたり悪寒が著しいとき、風雨を避けて手早く着替えられるか、コンスタントにエネルギー補給できるか、このあたりの対処手順についても、あらかじめイメージしておきましょう。

最後は「道迷い」や「行き暮れて」しまう危険性。風雨のなかでは視界が悪く、地図確認もおろそかになりがちです。おまけにフードをかぶって下向き加減に歩いているので、うっかりコースアウトして道に迷ってしまうことも。思うように行程がはかどらず、目的地に到達できなかったり、途中で行き暮れてしまうことだってあります。これらを未然に防ぐためにも、時々立ち止まって地図と所要時間をこまめにチェックするほか、万一の事態に備えて避難小屋などの有無を確認しておくことが肝要です。

“どまれない”から“どどまろう”へ

このように、起こり得る事態を前もってイメージしておけば、もしもの際にも落ち着いて行動できるでしょう。アスリートが成功を確信するために行なう「イメージトレーニング」と同じで、山でのリスクマネジメントにも役立つことは言うまでもありません。

ただし、以上の内容は、どんな悪天候でも潔く歩き通しましょう、なんてことをおすすめするものでは、もちろんありません。あくまでも、進退を決めかねる程度の雨風なら……という但し書きのもとに述べたまでです。もし気後れしてしまいそうなほどの悪天候なら、次のように自分に言い聞かせることも必要でしょう。

「この雨や風は何日も続くことはない。せいぜい半日から一日だろう。仮に一日延ばして明日出発したとして、自分にとってどれほどの損失だといえるだろうか。その損失をおそれ、風雨のなかを命の危険を冒しながら下山するのと、天候が回復するであろう明日、雨上がりの水たまりをよけながら、気持ちよく下山するのとどちらがよいだろう……」と。郷に入っては郷に従えということわざどおり、山に入ったら山の掟に従うというのも一つの姿勢なのです。

山中での進退の是非についてはこのくらいにして、もっと簡便な対策についても付け加えておきましょう。それは、できることなら登山計画や休暇をとる日数に「予備日」を1日プラスしておくということ。悪天候の際はこの予備日を使ってゆっくりとどまり、ゆっくり下山すればよいのです。誰からも文句は言われません。何事もなく予定どおり1日早く下山できたら、温泉にでも立ち寄ってのんびり疲れを癒やす余裕も出てくるでしょう。家族や会社に山へ行くことを伝える際には、ダメ押しで「山の中で降られたりしたら1日程度下山が遅れる可能性があるかも」とはっきり口頭で述べておけば、より安心です。

［今回のまとめ］

・悪天候時のリスクと対処方法をイメージしておく
・予備日1日で、とどまれない問題はほぼ解決

コロんでスベってあぁしんど！

それは二足歩行人類の宿命デス

登山する人が避けては通れないリスクの一つに「コロブとスベル」、つまり転倒と滑落のリスクがあります。警察庁の統計などでは、いつも道迷いに次いで遭難原因のワースト3に入っています。思うにこれは、二本足で立って歩く私たち人類の宿命といってもよいものでしょう。何しろ頭のてっぺんに重さ千数百グラムの脳を乗せているから、重心が高くてバランスがよくありません。おまけに登山ともなれば、上半身にザックを背負った不安定な姿勢で、これまた足場の不安定な登山道を登り下りする。こうなると、山では転倒・滑落が起こらないほうが不自然なくらいです。

とはいえ、運が悪ければ大ケガをしたり命を落としかねないゲンジツがあります。なんとか防止したいのですが、そこには少し厄介な問題があるのです。というのは、コロブとスベルの起こり方は、ある意味「道迷い」と似ているからです。つまずいたりズルッと滑ったりして初めて、「ちぇっ、こんなところに岩の出っ張りが、浮き石が……」と気付くのです。起こるまではつゆほども意識せず、察知もできない。では、それまで山道を見ていなかったのかというとそうでもない。ちゃんと地面を見ながら歩いていたのです。つまり、地面は見えていたのに、つまずきや滑りの原因となる岩角や浮き石の存在には気付かなかったわけです。

そんな厄介なコロブとスベルですが、果たして安全な足の運びや心構えといった有効な対処方法はあるのでしょうか。

以下では筆者の経験を踏まえ、われながらまっとうと思いつつも、かなり身勝手な意見を述べさせていただこうと思います。

コロブとスベルの「ありがち」な原因

コロブとスベルは起こる原因も背景も人それぞれ、場所それぞれに異なるので、おいそれと決めつけるわけにはいきません。が、ここでは筆者の痛い経験も踏まえ、結構ありがちなパターンを整理してみました。

まずは「起こるぞ、起こるぞ」的な場所の存在。乾いた石ころや砂粒のザクザクの斜面の下り、浮き石、ぬかるみ、岩や倒木に張り付いた濡れ落ち葉や苔の道、雨や霧で濡れた一枚岩やコチコチに硬くなった雪渓の通過。ササヤブなどで地面が見えない下りでは、深くえぐれた段差でいきなりガクンと膝が折れて、落とし穴にでも落ちたような衝撃と痛みを伴うことも。

次に「うれしこわしの心の乱れと気の緩み」。良くも悪くも心や感情が乱れる（楽しすぎる、怖すぎる、焦りすぎるなど）、おしゃべり、気を抜く（ちょっと立ち止まって一服して、また歩き出そうとした瞬間など）、ながら歩き（水や行動食をとりながら、地図やカメラをいじりながら）など。考えごとをしたり、ボーッと放心状態で歩いているときも要注意です。

最後は「いつの間にやらワタシもこんな齢に……」の宿命。体力や運動能力が年齢とともに徐々に低下するのは致し方ないことです。が、長年山を登っている人や日頃から自分の体力に自信をもっている人は、それに気付かないことがある。若いときには何でもなかった木の根や岩の出っ張りに、少しつま先をかすめただけであえなく転んでしまったり、下りで足のブレーキが利かずに「おっとっと……」と弾みがついてしまう危険がなきにしもあらず。

ストックがあれば大丈夫？

ところで、読者の中には「心配ご無用！　コロブスベルのリスクなんて、ストック持てば一件落着なんだよねえ」と考えている人はおりますまいか？　確かにストック（ここではダブルストックを想定）は、バランスをとったりブレーキの代わりになったりする。登りのときは推進力が得られるし、下りの際は膝への負担を軽減できるというメリットもあります。足腰の弱った人々には、ある程度の効果は期待できるでしょう。しかし老いも若きもとなると話は別です。

　どうも今日のストックというのは、昔むかしチロルハットにピッケル姿が登山者の典型モデルとされた時代があったように、ファッション的な意味合いのほうが濃厚である気配を感じるのです。スキーのストックを操るがごとくスポーティで、足取りも軽快な気分になったりしてね。そもそも昔は、ボッカさんのようにかなり重い荷物を背負うのでもないかぎり、杖やストックを使う人は見かけませんでした。たいていはザックの重みを全身で受け止め、心持ち重心を低くし、両手、両足でバランスをとりながら、一歩一歩地面の感触を確かめるように歩いていたものです。

　翻って今日はどうでしょうか。バランスの維持や推進力、ブレーキ、体への負担軽減の役割をストックという道具にあずけている。これでは自分の筋骨と運動神経を総動員して歩くという本来の歩き方、つまりコロブスベルに対する防御姿勢から遠ざかっているのではないかと思うわけです。ひとたびバランスを崩して体が不自然な姿勢になったら、ストックを持っていようがいまいが瞬時に自力で踏ん張るしかない。このとき反射的に安全な動作に移れなければ、やっぱり転倒や滑落に至る可能性が大ではないでしょうか。

ゆっくり下る。これが原則

さて最後に、肝心かなめのコロブスベル対策論で締めくくりましょう。といっても特別なことではありません。実践すべきは次の二つです。

一つは、〝ぼんやり歩き〟や〝ながら歩き〟に注意すること。転倒や滑落が起こりそうだな……と警戒し、意識を集中させて歩いているときは、まず起こらないものです。ところが目は地面を見ていても、心や頭がぼんやりしていたり、よそ見や考えごとをしながら歩いていたりすると、そのスキをついて早々とコロブスベルが起こってしまうのです。「でもね、ずっと警戒心や集中力を持続させるなんて無理。そこまで神経張り詰めて歩いていたら楽しさ半減だもの」と言う人も少なくないでしょう。

そこでもう一つの対策を。コロブスベルの多くは下りで起きていますから、少し意識して「ゆっくり下ろう」と心がけることです。これなら誰でも気軽にできるでしょう。下りでは重力に逆らえません。自然にスピードや弾みがついてスタコラモードになってしまいがちです。もちろん、こんなときはストックでブレーキをかけるという手もありますが、筆者としては自らの身体機能を駆使して対処することのほうが大切と考えています。一歩一歩、自分の足の運びに気を配りながらゆっくり下る。これによって万一の際にもなんとか踏ん張りが利いてバランスを保てるだろうし、コロブスベルを避けるための反射神経の維持にもつながると思うのです。

筆者の学生時代にこんなことがありました。パーティで下山中に、後ろを歩いていたメンバーの一人が突然ズデンと転んでイテテ状態に。大丈夫か?と声を掛ける間もなく「おまえ、ヘンなとこ歩くなよ! 転んじまったじゃねえか」とお怒りの様子。先行者と同じ足跡に自分の足を置いたとたん、ズルンと滑って転ぶ。あるいはグラリと岩が動く、なんてことは時々あること。山歩きは登山道とあなた自身とのコミュニケーションの世界、なんて言ってはキザでしょうか。先行者を恨んだって仕方ないのです。

［今回のまとめ］

・〝ぼんやり歩き〟や〝ながら歩き〟には要注意
・下りは「ゆっくりモード」で安全歩行

かくなる上はビバークだ！

スランプざんまいのあなたに

仕事でも学業でもスポーツでも、同じことを続けていると、ある時期からやりがいや達成感が感じられなくなることがあります。スランプというヤツですね。登山でも同じことを経験するものです。これが尖鋭的な岩登りや冬山登山をめざす人ならば、アグレッシブにスランプから抜け出すことも可能でしょう。しかし一般登山では、できることが限られています。気合いを入れようとすればするほど精神が空回りして、高尾山すら登るのが億劫な気分になる。しまいには子ヤギのように力なく目をしばたたかせながら、「ボクは本当に登山が好きなんだろうか……」なんてことに。

そこで、このようなスランプざんまいに陥っているあなたに、リスクマネジメントの視点から、ちょっとしたテコ入れ的な訓練をご提案申し上げたいのです。〝その気〟にさえなれば誰でもできる上に、万一の事態に備えて体験しておけば、登山に余裕が出てくること間違いなし。その訓練とは、ずばり「ビバーク（緊急野営）」のこと（ここでは無雪期のビバークを想定）。

山小屋にたどり着けない、悪天候や体調不良で行動がはかどらない、道迷いに気づいたころには日没が迫っていた……などなど。早い話が陽のあるうちに目的地に着けず、泊まるところもない、携帯が通じずタクシーも呼べない。こうなると、その先に待っているのは、否応なく真っ暗な山中で一夜を明かさなければならないという現実。何の用意も心の準備もなければ、無限に広がる暗闇におびえ、夜露に濡れながらみじめな一夜を明かすことになります。悪天候なら命の危険にも関わること。こんなときに備えて、いつでもビバークできる態勢を身に付けておくことは、とっても大切なことなのです。

まずはビバーク三点セットを確保

ところでビバークには二つの意味があって、目的も違えばスタイルも違う。混乱を招かないようにこの違いを述べておかなくてはなりません。一つは、最初から簡易露営を計画して行なう「フォーカスト・ビバーク」。もう一つは「ええっ？　ここで！」的な緊急避難を目的とした「フォースト・ビバーク」ですね。以下でご紹介するのは、もちろん前者です。天候急変の際にもキケンのないように、登山装備の常備品として次のようなビバーク三点セットの使用をおすすめいたしましょう。

まずは「ツエルト」。小型軽量の簡易テントのことです。雨、風、露、寒さを避け、体温の低下を防いでくれます。こぢんまりとした空間が安心と安らぎを与えてくれます。

次に「ヘッドランプ」。緊急時はスマホや携帯電話の明かりで何とかなると思っていませんか。これらは緊急連絡の最終手段。バッテリーは浪費できません。ヘッドランプを常備しておけば、たとえ日が暮れてもどんとこいの気分です。

最後は「暖をとれるもの」。使い捨てカイロは救急セットと一緒に常備しておきましょう。ストーブを持参すれば心強いこと限りなしです。緊急時なのでたき火という手もありますが、慣れない方に山中での火の扱いはリスキーです。ここではおすすめしません。

以上のアイテムのほかに、暗黙の了解事項としてカロリーメイトやチョコレートなどの非常食が手元になければなりません。空腹のまま朝を迎えてヘロヘロで動けない、なんてことにならないように。

時間と場所をわきまえて即実行！

さて、三点セットがそろったところで、さっそくビバークを試してみましょう。ツエルトはソロタイプでないかぎり二人分ぐらいのスペースはあるので、一人で心細ければ二人でトライしてみるとよいでしょう。

①安全な場所を選ぶ

気候の穏やかな時期を選んで、山小屋に併設されているテント場（森林限界以下）などでツエルトを使ってみましょう。いくら非常時の訓練だからといって、岩稜帯や沢筋、河原、人けのない樹林帯などには足を踏み入れないこと。落石や突風、増水、道迷いのキケンがお待ちかねです。

②ツエルトを使う

ツエルトの使い方は2通り。一つはモロに頭からかぶるか体に巻き付けるだけ。漠然としてミジメな気分だとご不満の方はもう一つをお試しを。ストックや折り畳み傘を使って内側からツエルトを支える、近くの木の幹や枝に細引き（ロープ）を渡して張る、などすれば多少身動きできる空間が作れます。ツエルトの底は割れているので、冷たい地面がむき出しにならないようにご注意を。

③食って寝る

非常食でもフランス料理でも、とりあえず食ったらあとは寝るだけです。木を背に寄りかかるという手もありますが、おそらく背中が痛くて眠れんでしょう。なるべく横になってください。快適に過ごそうと思えば断熱マットやシュラフが欲しくなるところですが、なにぶんこれはビバークですからガマンしなくてはなりません。着られるものすべてを着込み、空にしたザックを敷けば寝支度の完成です。

あとは、夜が明けるのを待つだけです。なかなか寝付けなければ、独り言や仲間とおしゃべりでもして気を紛らせましょう。うとうととしているうちに夜が白み始め、野鳥たちのピチピチという遠慮がちなさえずりで目が覚めるでしょう。

学びてときにコレを使おう

ビバークをしてみて気付くことはいろいろあります。まず山の冷気にヘキエキするでしょう。ツエルトは居住性を意識したテントとは作りが違います。おまけに生地もそれなりなので夜間の冷気がじわじわと入ってきて、なかなか眠れません。もしも悪天候のさなか、ツエルトなしの着の身着のまま一晩を過ごそうとすれば、いかにシンドくて危険なことか、ここから実感できるのです。

次に、ストーブや固形燃料などを持参して気付くこと。ツエルトの中でこれらを使っていると、えらく心地よい眠気がやってくることがあります。もちろん酸欠の前触れです。コワイことなんです。暖をとったり、煮炊きするなら換気には充分に注意しなくてはいけません。

また、慣れないと夜の山中ではいろいろな音がして気になるかもしれません。必ずしも静寂ではないのです。理由はさまざま。稜線に近い場所では強風でツエルトがバタバタとはためいて一睡もできないことがある。一見して静かな森の中でも、ササの葉や木の枝などがツエルトの布地と擦れ合って出るカソコソ、カサコソといった音。夜行性動物が歩き回る音……。どれも無害な自然現象ばかりですが、このあたりを早く慣れておきたいものです。

こうしてビバークを一、二度体験すると、その後の登山に少し幅が出てくることに気付くでしょう。あるいは行動が夕方にずれ込むようなことがあっても、以前ほど不安や焦りを感じなくなるかもしれない。スランプを脱し、一皮むけたい人はビバークを体験するに如かずです。

［今回のまとめ］

・ビバークは誰もが体験しておきたい緊急時行動の要
・ビバーク三点セットは常にザックに入れておこう

おっかなビックリの避難小屋体験

たまには〝森の生活〟もオツなもの

少し山歩きの経験が増えると、いろいろ変わったことをしたくなるのが人情です。といっても剱岳の「カニのよこばい」を縦に這ってみるといったことではありません。行動範囲を広げたり、より自分の好みに合うように一工夫してみたくなるということです。これまでほとんど立ち寄ったことのない「避難小屋」を利用してみようかと思い立つのもその一つ。

動機は人それぞれです。たとえば夏山シーズン中の営業小屋の大混雑にヘキエキした方は、プライバシー確保の手段として避難小屋が候補に浮上してくるかもしれません。また、少し長い山旅の途上に避難小屋しかないという場合も、利用を検討することになるでしょう。

なかには、のどかさを求めて利用したくなる人も。たまたま休憩に立ち寄った避難小屋。コーヒーを沸かしながらメボソムシクイの涼やかなさえずりに耳を澄ます。まったりとした時が流れる。「いいねえ。次に来たときはこんな場所で一夜を過ごすのも悪くない……」とつぶやくあなたの横顔は、すでに『森の生活』の著者、H・D・ソローではありませんか！

そこで今回は、「たまには避難小屋に泊まってみたいけど、どうなんだろう……」と思案している方のために、差し出がましくもワタクシがレクチャーさせていただこうという筋書きです。かつて避難小屋といえば、暗くて陰気な寂しいスポットと相場が決まっていましたが、近年は清潔で明るい雰囲気の小屋も少なくありません。避難小屋の利用には特にリスクにひもづけるような危険はありませんが、予備知識なしの思い込みだけで「ちょっくら泊まってみるか」では少し危なっかしいことも確かです。

避難小屋のあれこれをフランクに語ると……

避難小屋の多くは自治体が管理していたり、営業小屋が期間外に開放しているものがあります。基本的な用途は雨・風をやり過ごし、体調のよろしくないあなたを休ませ、行き暮れたあなたに一夜の屋根を提供する、文字どおり困ったあなたを守る緊急避難施設です。したがって管理する側も特に積極的な利用はおすすめしていませんし、これといった利便性も期待できません。一般的な避難小屋について、いくつか特徴を述べましょう。

①簡素かつ実用一点張りの室内

土間と板間からなり、土間にはテーブルやストーブがしつらえてあることも。頑丈な作りである半面、断熱効果などは期待できません。夏はともかく、シーズンオフの夜間や早朝の冷え込みはけっこう来ます。

②「水場」と「トイレ」はあれば儲けもん

なにしろ緊急用ですから、水場やトイレの利便性は考えられていません。あるとしたら、もうけもんです。これらについては事前に登山地図やネットの情報などでしっかり確認しておくこと。水場が期待できないなら少したっぷり背中に担いでいってくださいまし。

③広いはコワイ、寒いはサビシイ

特に単独行の人は、同宿者がいなくて一人で夜を明かす場合、慣れないとちょっと落ち着かないかもしれません。広くて大きな小屋ほど、夜中の奥行きのある真っ暗感とミシミシ音が不安をそそるかもしれず、底冷えのする夜などはサビシサもひとしおでしょう。

計画的に、そして多少なりとも快適に避難小屋に泊まろうと考えるなら、ある程度の装備は必要です。食事と寝支度に必要な最低限のもの（食料、水、コンロ、シュラフ、マット、ヘッドランプなど）があればＯＫです。万一に備えてツエルトの持参も忘れずに！

アポなし利用ならではの不測の事態を避けるために

次は、小屋の利用の仕方を間違えるとちょっと不都合なことが起こるというお話。どんな避難小屋かを確かめずにぶっつけ本番で行くと、不意打ちを食らうことがあるのです。広く大きすぎる小屋、古くて廃屋的な気分の漂う小屋、戸を閉めたら右も左も真っ暗闇じゃございませんか！的な小屋だったりするとちょっとねえ……。

こんなこともあるので、登山のついでに目的の避難小屋に立ち寄り、小屋の様子を自分の目で確かめておくのが一番です。それが無理ならせめてネットで小屋の情報を探し、投稿画像なども含めて内部の様子などを把握しておくとよいですね。最初は室内が明るく、居心地のよさそうなこぢんまりした避難小屋を試してみるのが望ましいのですが、ちょっと欲張りでしょうか。

また、小屋が小屋だけに「空室か満室かは扉を開けるまでわからない」ことにも注意。ウィークデーはほとんど空っぽでも、週末や連休中はグループで利用する人も少なくありません。人が多いと営業小屋の相部屋のように気を使うことも確か。とはいえ、誰が先客だから優先権があるというものではないし、ほかに行くあてもないのにすごすごと退散するわけにもいかない。そんなときは「ちょっくらごめんなさいね」と言って場所を空けてもらうしかありません。

ともあれ、何らかの思惑違いで「泊まろうと思ったけどちょっとこれではなあ……」ということが、なきにしもあらずです。そんな不測の事態に備えて、小屋への到着はお早めに。そして万一利用できない場合、その日のうちに下山できるかどうか、近くに代わりの営業小屋はあるどうか、といったことも前もって調べておきたいものです。

避難小屋はみんなのものデス！

さてさて、少しネガティブなことばかり並べてしまいましたが、もちろんそれらを補って余りあるよさがあることも忘れてはなりません。営業小屋とは異なり、そこには「自由」さがあります。一歩敷居をまたいだら、次に何をするのか、何時に寝て何時に起きて小屋を発つのか、すべて自分（たち）の判断と意思で決める。この自由さと気安さ、そして充実感はけっこうクセになります。

しかし、いくら自由で気安いといっても、わが家のようにくつろいでしまうのは考えものです。室内に自分一人だったりすると、つい「店」を広げてしまいがち。あっちにナベカマ、こっちに食料の入ったレジ袋、背中越しにはビロンと広げたシュラフ……。そんな折に同宿者が「こんちわ！

一晩お世話になります」と入ってきたら、ちょっと引いてしまうでしょう。自分の領分をきちんと決め、コンパクトかつスマートに利用したいものです。

もっと基本的なマナーについても一言。まず「室内は清潔に。ゴミは持ち帰る」。これを守る自信のないお方は、避難小屋生活は諦めましょう。戸を開けたとき、テーブルや床の上に新聞紙や濡れ手拭い、空のペットボトルなどが放置されていたりしたら幻滅です。避難小屋のなかには愛好者の人たちの手で大事に維持管理されているところもありますから、そこを利用する私たちは心を配って大切に使わせてもらわなくてはなりません。次に「同宿者とのコミュニケーション」。どんなに朴念仁でも最低限のあいさつはして、形だけでも二言、三言、言葉を交わしましょう。でないと、息がつまって窮屈な時間を過ごすことになりますよ。

［今回のまとめ］

・事前の下調べと早着きで安心利用
・避難小屋利用の最低限のマナーを守ろう

あの手この手の代替手段

コレがなくてもアレがあるのだ

その日、私は開聞岳《かいもん》というすっきりとした円錐形の山を登っておりました。この山、登山道がらせん状につけられているところがおもしろい。天気はよし。眼下の大海原や美しい海岸線の景色を堪能しながら登っていくと、突然、悲愴な顔のオジサンに出くわしたのです。

「どうされました？」私は思わず尋ねました。

「ホレ、このありさまです」と言って片足を上げて見せてくれたのが、ぱっくりと底がお口を開けてしまった登山靴。ゴツゴツの岩の道をたどっているうちに靴がギブアップしたらしいのです。私は「これで靴をグルグル巻きにすれば何とかなるかもしれません」といって、いつもツエルトと一緒に持ち歩いている細引きを差し上げました。下山口まで何とか持ちこたえますようにと祈りつつ。

ところでこの種のプチ・アクシデント、たまたまのことと割り切ってすませられるでしょうか。これからも同じようなことが起こらないともかぎりません。そもそも登山用品にかぎらず、一般に商品や製品というのはどれも「わが輩は唯一無二の存在である」的な顔をしています。もしそれが突然壊れたりなくなったりしたら、同じものを買い替えるしかないという単純思考に私たちを駆り立てます。

しかし先ほどのソール剥がれ事件のようなことが起これば、そんな悠長なことを言ってはいられません。街中なら財布を握りしめてショップへ行けばすぐに手に入りますが、山中ではそうはいかない。無理に下山しようとすれば転倒や滑落事故にもつながります。ここに、何かを代用・応用してリスクをカバーすることの大切さが見えてくるのです。いざというときに備え、手元にあるものを最大限活用できるよう心得ておく知恵。今回はこれをテーマにお話ししたいと思います。

いつもの登山装備品からあれこれ試してみる

何かを代用・応用（以下「代替」とも）するといっても、これには二つの意味があります。一つは「自分がいつも持ち歩いている登山装備品の中から代用できそうなものをチョイスする」方法。もう一つは「普段はまず使わないが、万一の際はいろいろ役立ちそうなので予備的に持つ」方法です。ここでは前者について考えてみましょう。

なにしろこの代替という知恵、完全なる消費社会の呪縛にどっぷり浸って育ってきたワタクシたちにとっては、なかなかイメージしにくいという現実があります。いざというとき、パニックに陥りこそすれ、沈着冷静に代替方法を脳ミソからひねり出せるでしょうか。しかしご安心を。山に行く前には誰でも登山装備を一品一品点検するでしょう。そのとき「これ、何かほかの用途に使えないかな？」とつぶやいてみるのです。ワタクシなどはこのつぶやき問答のおかげで、いざというときになんとか代替の浅知恵を駆使することができるのであります。

たとえば、岩場で人さし指を骨折しかけたときのこと。とっさにひらめいたのが割りばしを適当な長さに折って絆創膏4枚で指を固定すること。包帯やテーピングがあればもっとマシな応急手当てができたのでしょうが、まずはこれで指を悪化させずにすみました。

また「細引き」も心強い味方。いつも自分のザックに入れて持ち歩いている標準装備品です。ツエルトを支えるための張り綱や安全確保のロープ代わりになることは当たり前、冒頭で述べたような登山靴のソール剥がれや靴紐が切れたときの応急措置、そしてアイゼン代わりに登山靴に巻いて雪渓の滑り止めにしたり、とけっこう便利です。

地味で目立たないグッズも出番を待っている！

次に「普段はまず使わないが、万一の際はいろいろ役立ちそうなので予備的に持つ」方法についてです。たとえば「ツエルト」。日帰りでも必携のサバイバルグッズです。小雨や強い日差しの休憩の際はタープ代わりに使えます。山中で倒れたときはシート代わりに地面に敷いたりシュラフ代わりに体に巻けば命もつながります。「新聞紙」もおろそかにはできません。食器拭きに、寒いときは背中に入れて保温シート代わりに、濡れた登山靴やシュラフの吸水紙などに使えます。ただし雨で濡れたら一巻の終わり。ビニール袋などに入れて防水対策を。

また、私などは目的もなく500㎖の空のペットボトル1本をザックに入れておきます。何に使うのかはそのときになってのお楽しみ（!?）ですが、万一、水筒を谷底に落っことしたときなどは天の助けになること間違いなし。腕や足を捻挫したり骨折したりしたときに、ペットボトルを縦半分に切ってにわかギプスの代わりにしようとするかもしれません。

水筒のように代替の利かないアイテムとして思い出すのが、ガスストーブの着火装置。これがご機嫌ナナメになったときどうしますか。愛煙家先生ならおもむろに胸ポケットからライターを取り出すでしょうが、禁煙家師匠はお手上げです。念のため百円ライターを1個用意しておきましょう。

ほかに「針金」や「ガムテープ」なども、その場の知恵で思いもよらない形で役に立つことがあります。登山靴のソール剥がれやザックの破損（穴あきやショルダーベルト付け根の緩みとか）の応急措置などですね。いずれも、長年愛用している登山靴やザックがくたびれてきたなあ、と少し心配になったら持参するとよいでしょう。

知恵を生かすチャンスはそこかしこに

さて、代替の知恵についてだいたいのことを述べてきましたが、実際にコトが起こったとき、すぐに頭にヒラめくよう日頃から意識づけしておくのが望ましいのです。そのために必要なのが「訓練」。訓練と聞いただけでこのページを飛ばしたくなるあなた、日々の生活を振り返れば、山でなくても代替の知恵を生かすチャンスはソコかしこに転がっているのです。

たとえば自宅にアイロン台を持っていない人は、テーブルの上にバスタオルや座布団を敷いてアイロン台代わりに使っているでしょう。ラップを切らしたら、容器でふたをしたり、ビニール袋や紙袋に入れて代替しているでしょう。災害や停電のときも同じです。突然、停電になる。普段は空気のように当たり前に使っている電気に頼るすべてのものが使えない。こんなとき、あなたの家庭ではあらゆる知恵を振り絞って代替方法を試すしかありません。

野生の知恵とでも呼びましょうか。古くから未開の部族の人々は、森を歩きながら本来の目的や用途とは関係のない端切れや余り物、道具などを拾い集めておいて、何か必要なことが出てきたら、それらを使って物を作ったり、役立てたりしてきました。今日でも世界各地に見られるこうした工夫のできる人々のことを、フランス語で「ブリコルール」と呼ぶそうです。この言葉が当てはまる人々は、端切れから日用品を作り出す庶民から、その場にあるものをうまく使って困難を乗り切る物語や神話の登場人物、そして情報システムを組み立てるエンジニアまで、幅広く存在しているのです。

山においても、いざというときにはザックに入っているものを最大限活用して危機を乗り切る、山のブリコルールがもっと増えてもよいのではないでしょうか。

[今回のまとめ]

・いつもの品々をあれこれ試してみよう
・代替の知恵を磨く機会は身の回りにいくらでもある

たかが、されどのクマ問題

クマ出没注意！

さわやかな快晴の空の下、ぞろぞろとバスを降り、登山靴の紐を締め直していざ出発というときに、「クマ出没注意！」の看板が目にとまる。あるいは登山管理事務所の職員さんが、登山者カードを配りながら「最近この辺りでクマの目撃情報が増えています。気をつけてください！」と呼びかけている。

こんなとき、大勢の仲間と一緒に来ている人たちなら、たいして気にならないものです。けれども一人、二人の少人数、ぼちぼち登山がおもしろくなり始めたビギナーのみなさんにとっては、「え!?」と出鼻をくじかれたような気分になるかもしれません。

最初は「てやんでえっ、クマが怖くて山に登れるか！」と虚勢を張ってはみるものの、一歩一歩山に分け入るたびに、昼なお薄暗い森の中に獰猛なクマが手ぐすね引いて待ち構えているような、いやーな不安が心をよぎります。「余計な情報を出してくれなければ、知らぬが仏で楽しく登れたものを……」と、少し腹立たしい気持ちになることもあるでしょう。

もっとも、クマに出くわすなんてことは、ちょっとした道迷いや悪天候に遭遇する頻度よりずっと低いことは確かです。めったにないことだけに、ご対面したときのインパクトがなおさら大きいということなんでしょうか。

クマが気になる方は、夏山限定で人の多い有名な山だけ登るとか、大所帯のパーティ登山に参加すれば、ひとまずこのお悩みは解決です。しかし、わが輩の登山ポリシーを変えるなんてシャクである、とお考えの少数派もなかにはいらっしゃるでしょう。そこで今回は、筆者のクマ体験も交え、多少参考になるかもしれないクマ対策について考えてみましょう（以下は本州に生息するツキノワグマを想定）。

そのコワさ、ホンモノですか？

筆者は、クマを恐れて途中で引き返してきたオジサンや、「クマ、コワイデス。一緒ニ歩イテクレマセンカ？」と同行を求める台湾人留学生さんに出会ったことがあります。

しかし話を聞いてみると、彼らはクマに直接遭遇したわけではありませんでした。オジサンのほうはクマ看板の忠告をリアルに受け止めすぎて恐れをなしただけ、留学生さんも何かの動物がカサコソと森の中を歩く気配を感じ取っただけのこと。どうも自分の中で「クマ＝襲われる」という方程式ができあがっていて、その恐怖と警戒心が、鬱蒼とした森の中を歩くうちに、どんどん膨らんでいったのではないかと思うわけです。

かくいう筆者の場合、学生のころに北アルプス・一ノ俣谷出合の上流でビバーク中、夜中にクマの訪問を受け、ツエルトをペシャンコにされて度肝を抜かれた経験があります。けれどもどうやらソイツは、私を襲ったのではなく、餌でも探していて、たまたまツエルトを見つけ、中を物色しようと手をかけたにすぎなかったみたいなのです。

ここで少しクマ目線から考えてみると（だいぶ無理はありますけれども）、オレたちは餌を探して歩き回っているだけ。だれが好き好んで人間に近づくもんかね、というのが彼らの本音ではないでしょうか。折に触れて山小屋などで話に聞くクマの目撃談などからも、人の気配を感じ取ると、とまどったようなしぐさで、のそのそと去っていく、シャイでナイーブなイメージしか見えてきません。

わたしたちがクマに対して抱く恐怖心は、無条件にクマを危険視する映画やテレビのイメージによって作られた、誇張された心理なのかもしれません。

早く気付く、相手に気付かせる

とはいえ、いくらクマがナイーブだとか、クマが怖いのは映画やテレビの影響だとかいっても、現にクマに襲われたという報告例があることも事実。これはいったいどうしたわけなのか。思うに、見通しの悪い場所を歩いていて、いきなり目の前に相手の顔が現われて、びっくり仰天するのは、人もクマも同じでしょう。勢い、身を守るために攻撃的な構えになるのも無理はありません。また、逃げるものはとりあえず追っかけてみたくなるのが彼らの習性です。「襲う」とはこうしたことを指すのでしょう。まあ理屈はともかく、念には念を入れて、うっかりクマに出くわさないための予防策と、ご対面時の対処方法についてご提案申しあげます。

予防策　早め早めに、クマに人間の存在を気付かせる

ざわざわと人の気配濃厚な集団登山ご一行なら、クマのほうが先に気付きますから、鉢合わせする可能性は限りなくゼロに近いです。問題は単独行や二人連れ。自分の存在をクマにアピールするためにも、クマよけの鈴は必携です。少し意識して、おしゃべりをしながら歩くという手もありま

す。単独行なら独り言を発しながら。ただし、度が過ぎるとほかの登山者に出会ったときバツの悪い思いをしてしまうのでご注意を。ラジオを鳴らして歩くのは、クマより人の迷惑になるから控えましょう。

対処方法〝深呼吸〟と〝待ち〟の姿勢

クマの姿が見えたとたん、思いっきりドキッとして、生唾飲み込んで足がすくんでしまうのは誰しも同じ。でもパニックになったり、慌てて逃げ出したら危険です。ここは一つ、大きく深呼吸して気持ちを落ち着けてください。クマが人間に気付いても、素早く立ち去るということはあまりないように思います。向こうが登山道の近くにいるなら、去るまでじっと待つか、こちらから少し後退しましょう。

ご対面後の心の後始末は？

さて、なんとかクマをやり過ごすことができたとしても、ひとたびその姿を目撃した、目が合ってしまったということになれば、心穏やかではいられません。ひょっとすると、クマが先回りして、またどこかで待ち伏せしているのではあるまいか、ストーカーのように後ろからひそかにつけてきているのではないか、という妄想からなかなか抜けきれないかもしれんのです。

こんなとき、どうすれば気持ちをリセットできるのでしょうか。基本的には、「クマはもう逃げた。二度出くわすことはない。落ち着け、落ち着け」と自分に言い聞かせる。そして急がず慌てず、いつもと変わらない足取りで目的地へ向かう。これしかありません。おどおどビクビクモードや、早歩きや駆け足は転倒や滑落、道迷いなど別のリスクを高めるから危険です。

そして、ほかの登山者に出会ったら、あいさつがてらクマに遭遇したことを話せば（話さずにはいられまへんて！）、ひとまず胸いっぱいの恐怖心も解消されるでしょう。そして「この時間、この山中には、ほかにも多くの登山者が歩いている。自分（たち）だけがクマにおびえるなんてちょっと情けない。早く気持ちを切り替えよう……」といった反省もしくは冷静さが戻ってきたら、しめたものです。

話は元に戻りますが、タイムリーにクマ看板を立ててくれたり、注意を呼びかけてくれるというのは、なんと管理の行き届いたよい山なのだろうと感動したくはなりませんか？　まさに至れり尽くせり。看板のクマの絵が、安心安全印のクマさんマークに見えてくるではありませんか。クマ情報を呼びかける山というのは、それだけ多くの登山者が入っている証拠でもあります。安心して登ってよいのです。

以上の内容は、筆者の実体験をもとに、一般的に望ましいとされるツキノワグマへの対処方法を加味して書いたものです。基本的にツキノワグマはむやみに人間を攻撃することはないというのが筆者の意見ですが、しかしどうも最近はそうでもないらしい。飽くことなく人のいるエリアへ侵入し、堂々と食物を食い荒らしたり、積極的に人を襲うヤツも増えてきたらしいのです。彼らは人間の環境に慣れた新世代のツキノワグマだというから、逆に登山道で出遭うかもしれない深い山中にいるクマなら、まだナイーブで人を恐れるかもしれない。そう信じたいところではあります。とは言え、クマにとっても人間にとってもお互いにリスキーな関係であることに変わりはありません。とくに見通しのよくない山道などは、少し警戒レベルを高めつつ、万一のときはこれで……と固い木の枝やトレッキングポールを手にしながら歩くというオプションも残しておきたいものです。

［今回のまとめ］

・クマさん聞いてる鈴の音と人の声

万事休す、なんて考えたくはないけど……

日本の山は災害のメッカでもある

1997年の9月中旬、安達太良《あだたら》山で痛ましい遭難事故が発生しました。安達太良山の西側、沼の平方面から山頂をめざして登ってきた社会人山岳パーティ一行のうち4人が、濃霧で立ち入り禁止区域に迷い込んだ末、火山ガスを吸って亡くなってしまったのです。

実はこの事故の数週間前に、筆者は東山麓のくろがね小屋から安達太良山に登り、稜線で濃霧と雨のために道に迷ってしまったのでした。当初は沼の平からのルートも候補の一つに考えていたので、もし西側から登ってガスに巻かれ、道に迷ったりしていたら……と考えると、背筋がゾクッとなったものです。

天候の悪化などは多少なりとも予測的に対処できますが、火山ガスともなると目には見えないし風向きによってどんな場所にガスが溜まっているかわかったものではありません。この事故以来、筆者は硫黄臭い煙を吹きあげている山への登山はなるべく控えるようになりました。

自然界にはさまざまなリスクが潜んでいます。とりわけ日本が「火山列島」や「地震列島」の異名をもつ島国であることを考えると、登山をする私たちにも無縁ではいられません。「そんなこと言ったって、ボクらに何ができるというの？」とみなさんは思うかもしれない。しかし、リスクマネジメントとはまさに「何ができるのか？」を問うことから始まる危機管理術ですから、何らかの手立てを模索しておくのもムダではないでしょう。以下では「火山」と「地震」の２つのリスクを中心に、災害の特徴と影響、そしてリスク回避のために私たちにできることを考えてみたいと思います。

火山が噴火したら覚悟が必要

日本には活火山として特定されている山が１１０あります（２０１７年4月時点）。もはや昔のような休火山や死火山といった定義はなく、安全確実に登山できるかどうかはグレーゾーンにあると考えたほうがよさそうです。登山者にとっての火山リスクは「火山ガス」や「噴火」ですが、ここでは後者を中心に考えてみます。

２０１４年9月28日に水蒸気爆発を起こした御嶽山の場合、死者は57人、行方不明者６人、負傷者は69人にのぼりました（詳しくはヤマケイ新書『ドキュメント御嶽山大噴火』を参照）。噴火は比較的小規模なものでしたが、秋の紅葉シーズン最盛期の週末で、頂稜付近に登山者が集中しやすい昼時であったことなどが被害を拡大させました。一方大規模な噴火では火砕流が発生することがあります。１９９１年6月の雲仙《うんぜん》普賢《ふげん》岳の噴火では、大火砕流によって報道関係者ら43人が命を落としています。

ひとたび噴火が起これば、ほとんどなすすべがありません。一般の登山装備では無力であり、私たちにできることも限られています。せめて次の点には留意しましょう。まず雨やガスのときなど、うっかり立ち入り禁止区域に迷い込まないよう注意する（万一の際の噴石や火山ガス対策）。そして噴火が起こった時に備え、ヘルメット・マスク・軍手の三点セットは必携とする。御嶽山の噴火の場合、亡くなった人の多くは噴石や火山灰で行動不能に陥ったことが直接の要因と言われています。ヘルメットは少しでも噴石の直撃から頭を守るために、マスクは火山灰の微粒子を吸い込まないために、軍手は高温の火山灰や石ころで火傷を負わないために必要です。中には高価な防塵マスク（N95など）を勧める人もいますが、これはけっこう息苦しくて、避難や下山を急いで呼吸が乱れている登山者には向きません。花粉症やＰＭ２・５から守る一般的なマスクとタオルなどで鼻や口を守ってください。

大地震の影響ははかりしれない

突然めまいのような感覚に襲われ、風もないのに周囲の木々がゆさゆさと揺れ始める。と同時にゴゴゴーという不気味な地鳴りが山全体を包み始める……。登山中に地震を経験した人たちの多くはこうブログに書いています。そして雪山なら雪崩を、岩山なら落石や崩落を誘発することは想像に難くありません。海外では2015年4月にエベレストのBCを襲った大雪崩（22人死亡、5人行方不明）、同年6月にボルネオ島のキナバル山で発生した岩の崩落（16人死亡）などがそれを物語っています。

山で地震が発生したとき、すぐ近くに営業小屋や避難小屋があるならひとまずそこに避難すれば、当面の安全は確保できます（これらは頑丈な造りのものが多いので）。鬱蒼たる樹林帯の中も大丈夫でしょう。最も危険なのはガレ場や沢筋を歩いているとき。落石に当たらないよう全力で身を守りながら、堅牢な岩の庇の下やわずかな空間に身を潜めるしかありません。

一方、地震エネルギーが大きく、震源に近ければ近いほど、広い範囲で深刻な被害が発生します。登山道の崩壊や落石、木がなぎ倒され、橋が落ちる。そして最悪のケースとして、もし晩秋の夕方、風雨の中、日帰り山行の装備と食料しか持っていない状況で大地震が発生したら……。おまけに携帯は通じず、家族に連絡できず助けも呼べません。マイカー登山者がなんとか駐車場の車に避難して一晩過ごせたとしても、翌朝無事に帰宅できる保証はありません。林道や舗装道路はズタズタに亀裂が入り、信号機が消え、完全にマヒ状態です。途中、空腹を満たそうとコンビニに立ち寄っても、食料品や水はすべて売り切れで唖然とするでしょう。

情報収集・登山計画・イメージトレーニング

登山中に火山の噴火や大地震に遭うことなんてめったにはないことです。しかしそれだけに、万一直面すれば頭の中が真っ白になり、パニックに陥ってしまいます。日頃から入念な対策を意識しておくことの必要性はここにあります。ポイントは次の2つ。

一つは「情報収集とプランニング」。火山や地震の影響を受けた山域に立入らないことはリスクマネジメントの基本です。どうしても登るなら、火山エリアでは火山性地震・火山ガスに関する警戒レベル、地震の影響を受けたエリアなら余震やがけ崩れ等に関する情報収集をしっかりと。登山ルートを決める際も、山小屋や避難小屋、シェルターのある場所、そしてエスケープルートを特定しておく。中高年パーティにありがちな、見晴らしのよい頂上や噴火口のへりなどでお昼にするスケジュールは組まないなどなど。

もう一つ、私たちは自分で一度も経験したことのないリスクに対しては無防備であり、いわゆる正常性バイアスや集団同調性バイアスが働いて逃げ遅れる危険性があります。これを避けるためにお勧めしたいのが「イメージトレーニング」。一般的にはトップアスリートなどが能力を最大限発揮するために実践するものと思われていますが、危機管理意識の向上にも役立つことは間違いありません。登山地図を見ながら、もしここを歩いている時噴火したら、地震が起こったら、自分（たち）はとっさにどんな姿勢がとれるか、どんな行動に移れるか……といったことをイメージする。「いざというとき自分はこう動く」と頭の中でなぞっていれば、実際に災害に直面したときでもそれに近い動き方ができるのです。

最後に、火山噴火や地震に限ったことではありませんが、不測の事態に備えてツエルトとヘッドランプ、一両日は食いつなぐことのできる行動食（非常食）を常にザックに入れておくこともお忘れなく。

［今回のまとめ］

・起こったら間に合わない噴火と地震

・情報収集と登山計画、イメージトレーニングを確実に

図表5：噴火警戒レベルが運用されている火山

気象庁ウェブサイト
http://www.data.jma.go.jp/svd/vois/data/tokyo/keikailevelkijunn.html より

第3章

山での人間関係がリスクになるとき

鳥だ、飛行機だ、いや、おせっかいマンだ！

マイナーだけどちょっと気になるリスク

仲間と楽しさキビシさを共にするパーティ登山も楽しいものですが、一人で登って、道すがら休憩地や山小屋で見知らぬ人と会話するのもまた、一つの楽しみであります。

どちらから？　私は広河原《ひろがわら》から登ってきました、みたいなところから始まって、登山道のコンディションや山小屋の情報などの話で盛り上がり、ネタが尽きるとそれなりに耳寄りな話へと移っていく……。と、ここまではよいのですが、時として会話の中にちょっとしたアドバイスや助言めいたニュアンスが混じり込んでくることがある。

「これからボクはAルートをたどる予定です。初めてだけど難易度はどうかなあ……」

「えっ！　Aルートを行くのあなた？　あのルートはね、かなり酷だよ。地図のコースタイムは2時間と書いてあるけど、私なんか4時間以上もかかっちゃったよぉ！」

このように経験者が語るからには、もしかするとかなり困難なのかもしれぬ。会話が終わってもボク君はウツウツと気を揉み、しばらくは登山地図とにらめっこ。しまいには当初の予定を諦めて、すでに何度かたどったことのあるお手軽〝白帯ルート〟に切り替えてしまう……。と、まれではありますが、このようなことが起こることがあります。

こうした、いわゆる「おせっかいマン」の話は、がんとした統率力に守られている登山パーティの面々にとってはピンとこないでしょう。が、単独行者や初心者二人ぐらいで山に入る人たちは、とりあえずちょっと耳を傾けてみてほしいことなんです。

彼らは神出鬼没!?

おせっかいマンは、どんなタイプの人なのでしょうか。誰にでも気軽に声をかける人や話し好きの人、登山経験のほどはともかく、自分の力量と提供する情報にわりと自信をもっている人……などでしょうか。しかし、こうした特定のタイプの人だけがおせっかいマンなのかといえば、必ずしもそうではない。時と場合によって、親切心から誰でもおせっかいマンになり得るからです。

たとえば、急な雪渓や沢をこわごわ渡ろうとしている初心者を見かけたら、思わず声をかけてあげたくなるかもしれない。難路コースを終えて達成感に酔いしれている人は、これからそのコースに挑もうとしている人に「なあに、鼻歌まじりで歩けるやさしいコースですよ！」と暗に自分の武勇伝を上乗せしたくなるかもしれません。

一方、頼みもしないのに自ら余計なことを言う人だけが、おせっかいマンとは限りません。相手から何かを頼まれて、気軽に引き受けてしまう自分もまた、おせっかいマンなのです。

――山道に立ちつくす少し青ざめた顔の山ガール二人連れ。「クマを見かけたんです！ 怖いので少し先まで一緒に歩いてもらえませんか？」と訴える。いいでしょうと言って引き受ける。途中の分岐までということだったが、「心配なので下山口のバス停まで送りましょう」と自ら申し出る。はたして彼女らが心から下山口まで同行してほしいと望んでいたかどうか……。

見知らぬ相手につい余計なアドバイスをする。気軽に相手の依頼に応じて必要以上のサービスをしてしまう。どちらのおせっかいマンも私たち自身の問題であり、そこには無視できないトリビアなリスクが潜んでいるのです。

おせっかいマンが放つおせっかいリスク

おせっかいマンに関わること、自らなってしまうことで顔をのぞかせるリスク。それは自分の判断や行動に迷いやゆらぎが生じたり、相手との間に気まずい空気が出てきてしまうことなんです。

たとえば、登山計画を無用に変更してしまいかねないこと。特に経験の浅い単独行者や体力に自信のない中高年のみなさんは、見知らぬ相手からアドバイスを受けることで、冒頭の例のように迷いが生じてしまうことがあるかもしれません。

また、岩場などをうまく進めずに苦慮している人に、見るに見かねて手足の運びをアドバイスするのも禁物。「手はこっち、足はそこに置くといいよ」なんて逐一言われたら戦意喪失です。スリリングな楽しさもどこかへ飛んでいってしまい、「小さな親切大きなお世話」的な不快感以外何も残りません。

まれに単独行者同士に見られることですが、行きずりの人と話が合って、しばし道連れになることもありますね。これが長引いてくると、双方ともに気まずい雰囲気になったりすることも。以下はやや極端なケースですが、下手をすると事故や遭難のリスクを高めてしまいます。

うっかり道に迷ってうろうろしていたら、もう一人の道迷い者に遭遇。「あなたもですか！」と二人は意気投合して正規の登山道探しに。ところが登山道が見つからず、疲労も嵩《かさ》んでくるとお互いの歩調は乱れ、そのうち「僕はこっちに行くから、あなたはそっちへ行ってみたら」の雰囲気に。自分は命からがら山から戻ることができたが、もう一人はその後しばらくして、最悪の結果で発見されたといいます。意思疎通のない赤の他人同士が目先の利害（正規の登山道に戻る）だけで連携しても、一貫性ある望ましい行動をとれるとは限らないのです。

アドバイスはアドバイスとして……

では、このようなリスクを避けるには、どうすればよいのでしょうか。次の二つに分けて述べましょう。

①参考情報として受け止める

人それぞれ、ものの見方や考え方、体力、経験が異なります。自分の〝良かれ〟が相手にとっても〝良かれ〟であるとは限りません。お手軽に親切心を持ち出そうとする人の中には自己をアピールしたい人もいます。そんなアドバイスを受けたら、ひとまず参考情報として受け止めつつも、自分の初志（当初の計画や行動）をしっかり持ち続けることです。

とはいっても、まれに登山道の崩落や水場の枯渇、山小屋の臨時休業など実際に役立つ情報をくれる人もいますから、無下に聞き流すこともできませんね。こんなときはなるべく山小屋スタッフやほかの登山者にもそれを確認しましょう。もし裏付けがとれずに、ひとまず行けるところまで行ってみようかと考えたなら、自身の力量、装備、現在時刻、エスケープルートの有無、避難小屋の有無などを勘案し、自分の計画にどんな影響が出るか見積もった上で、次の行動を決めましょう。

②話の中身と関わり度合いの問題と考える

なんのかんのと言っても、山で声をかけてくれる人の多くは、山の楽しさやすばらしさを相手と共有したいと望んでいます。この人おせっかいマンなのでは？と端から警戒心を持ち出して、過度に相手との距離をおこうとしたら、せっかくの楽しい山旅が色あせてしまいますね。要はそのときどきの話の中身と関わり度合いの問題ということなんです。お互い話が合うなら、冷めた自分を意識しつつも、率直に情報交換を楽しもうではありませんか。

山ではいつ助ける側、助けられる側になるかもわかりません。思い出作りのためだけでなく、万一のことを考えて往き交う人同士のあいさつや一期一会を大切にしたいものです。

山でのリスクマネジメントの基本は「自助」（自分の身は自分で守る）ですが、同時に万一の事態に備えて「共助」（お互いに助けあう）の姿勢をスタンバイさせておくこともまた不可欠なのです。相手がおせっかいマンかどうかに関係なく、です。

［今回のまとめ］

・自分の〝良かれ〟が相手にとっても〝良かれ〟であるとは限らない

“まだいける”のリスク

勢い余って「こんなはずでは！」に

「山をあなどるな」という警句とは裏腹に、「山は勢いで登るもの」というのも山人の隠れた常識になっているのでは、と思うことがあります。学生諸君はもとより、毎日仕事に明け暮れ、運動不足とストレスで身も心もパサパサになっている若き社会人などは、勢いで登らんとする強い衝動みたいなものを抱えているのではないでしょうか。

天下の名峰、槍《やり》ヶ岳を無事クリアし、山小屋の休憩テーブルでは見目よき山ガールたちと話が弾む。これに気をよくしたA君はパートナーのB君をそそのかす。

「おい、まだ昼前だ。これから一丁、大キレット越えて、北穂《きたほ》まで足を延ばそうぜ！」「オーケー。槍穂の岩稜歩きなんてチョロいもんだぜ！」とB君。

ところが大キレットを過ぎ、北穂高岳の取付にさしかかったころ、かすかに遠雷が聞こえ始める。やがてガスが湧いてきて一陣の冷たい風が頬を撫でたと思ったら、突然の閃光と、岩が砕け散ったような激しい雷鳴。これはヤバいと逃げる間もなく、猛烈な雨が降りだす。

目の前の山小屋にとどまるか、まだいけると思って先に進むか。その判断が明暗を分けるときもある

「山小屋にとどまっていたら、こんな目には遭わなかったぜ！」「寒いぜ！」「生きた心地がしないぜ！」

いくら勢いで「ぜ！」を連呼しても、山は寛容には取り計らってはくれんのです。

こんなこともあろうかと、今回は勢いによる失敗行動、いわゆる「〝まだいける〟の心理」を考えてみたいと思います。本来これは心理学の先生のテーマなのでしょう。けれども筆者は筆者なりに、〝まだいける〟と思ってしまう心のありようもまた「リスク」であり、それを予防するのは「リスクマネジメント」の役目なのだと真面目に考えておるのです。以下、専門的な話は少し割り引いてお読みいただくとして、リスクへの心構えやマネジメント的な話については、しかとお受け止めください。

私たち一人ひとりにリスクの許容値がある

私たちには、自分が受け入れてもよいとするリスクの許容レベル（「リスクホメオスタシス」と呼ばれています）があるそうです。そしてそのレベルを超えないかぎり、リスクを心配するよりも自分にとっての利益を最大化しようとする意識が働くのです。

身近な例を一つ。お酒で体を壊した人が医者の処方を受ける。治療薬をもらい、これからはほどほどにと忠告される。しかしそれを守れない人もなかにはいます。彼らは医者の「ほどほどに」とは関係なく、「このぐらいまでなら飲んでも平気」という自分の基準でお酒を摂取し続けるでしょう。この結果、医者の処方で10のリスクが5まで下がったとしても、本人の意思で再び5のリスクを高め、また10に戻ってしまいます。

私たちは、山でもしばしばこれと同じような経験をします。「もう少し先まで足を延ばそう」「ワンランク上のルートのほうがおもしろそうだ」という気負いが生じたとき、そこにはリスクホメオスタシス、いわば〝まだいける〟の心理が働いているのです。目の前に有利なこと、利益になることがあれば、何はともあれそれを優先しようとする。まさにイケイケドンドンの心理とも似ているではありませんか！

それにしてもこの心理、そのまま突っ走ってしまうと、なにかと危険であることは間違いありません。冒頭の例でいえば、天候の急変。〃まだいける〃と判断してしまうのは、日中どっちつかずのアンニュイな時間帯が多いので、行動を開始したときには午後に入っていることが多い。夏山ではポピュラーな雷雨の洗礼を受けてしまいやすいのです。

〃まだいける〃問題の傾向と対策

ところで、〃まだいける〃は、私たちの気負いや油断を伴った衝動から生じるリスクであるように思います。したがってこれを避けるには、〃まだいける〃の衝動が頭をもたげた時点で、行きがけの駄賃的にやろうとしていることを打ち消す工夫をすればよいのです。次の①〜④のパターンに照らして考えてみましょう。

①時間的に余裕があり過ぎる

予定では山小屋Aに泊まるはずだったが、到着が早すぎて時間を持て余してしまう。もう一つ先の山小屋Bまで足を延ばそう。こんなときは、「山小屋Aの到着が早ければ、それだけ快適な寝床スペースを早く確保できるということ。ギリギリに到着する山小屋Bでは無理だろう」と考えましょう。

②さまざまな意味での高揚感、ハッピーな気分

難路をクリアしたという自負と満足感。快晴の空と大パノラマ。山男の場合は久々に山ガールたちと話が弾んで気分が浮き立っている、など。こんな高揚感にとらわれているときは、「慢心はケガのもとだぞ」「浮かれていては危ないぞ」と「ぞ」に徹して自分を叱ることです。

③仲間の元気もしくはライバル意識に引っ張られて

冒頭の例のように「まだ時間はたっぷり。次のピークまで行っちゃおう」と誘われる。あなたのほうも弱みは見せられないと、これに乗ってしまうかもしれない。しかし背伸びをするだけ損(危険)です。「そんなに急いでどうするの? もっとゆっくり山を愉しもうよ」と相手を説得してはどうでしょうね。

④横着モード

早く駐車場に下りて高速道路が混む前に家路につきたい、山小屋より麓の温泉に一泊してラクをしたい、早く山小屋に着いてよい場所を確保したい……。わかりますよ、この気持ち。でもね、「急《せ》いては事を仕損じる」「慌てる乞食はもらいが少ない」と考えるのが賢明ですな。

つまるところは二者択一のどちらを選ぶかという話

〝まだいける〟が頭をもたげるときは、行くかやめるかの選択に迫られるときでもあります。こんなとき私たちは、葛藤する二人の自分がいることに気付きます。一人は、自分にとって魅力的なものや得だと思うものが目の前にあると、思わずそれを優先しようとする自分。もう一人は、このような衝動的な誘惑が起こってしばらくしてから、「いや待てよ、もう少し考え直してみよう」と反省を促そうとする自分です。

本当なら、後者の自分が最初から出てくれれば選択を誤ることはないのですが、困ったことに私たちは、将来の不確かさよりも、目の前の確信できるものを選ぶほうが得だと思う気持ちが働きやすいのです。

ちなみに社会心理学者のシーナ・アイエンガーは、この誘惑を打ち消すための工夫として、とてもシンプルなことを述べています。おいしい食べ物が目の前にあるならそれを隠す、関係のないことを考える、みたいなことです。これを山に当てはめてみましょう。無理に先ほどのような一ひねりした言葉を思いつく必要はありません。しばし景色に見とれる、地図を広げて、たどってきたルートをしみじみ振り返る。要はいま選択しようとしている対象からいったん意識をそらしてみる。これによって〝まだいける〟が、〝まあいいか。やめておこう〟という落ち着きを取り戻すきっかけにつながることでしょう。

【今回のまとめ】

・まだいける！と思ったら別のことを考えて意識をそらす

なあなあ的リーダーシップ論

ソノ役割、責任重大デス

みなさんは「リーダー」という言葉を聞いてどんな人物を浮かべるでしょうか。松下幸之助やスティーブ・ジョブズ、あるいは不撓不屈《ふとうふくつ》のシャクルトンのような探検隊リーダーでしょうか。いや登山女子なら、目に浮かぶのは職場の花形イケメンリーダーのハルキ君かもしれませんな……。

ま、それはともかく、複数のメンバーで組織的に山へ登り、苦楽を共にし、達成感を味わおうとするパーティ登山には、この〝リーダー〟という存在が不可欠です。なにしろリーダーがいないと、判断や行動にまとまりがなくなって困ります。Aさんが「そろそろ休憩にしよう」と呼びかけても、Bさんは「もう一息がんばろうよ」と言う。Cさんなどは「ボクはあと3時間はぶっとおし歩けるぜ。文句あっか?」となる。

おまけに世間一般で言えば、リーダーとはメンバー全員を目標に向かって前進させる推進者であります。メンバー一人ひとりが、「この人ならどんなことがあっても一緒についていこう」と思わせる魅力をもった人であります。

もしあなたが、好むと好まざるとにかかわらず、このような責任重大なリーダーに指名されたらどうしますか、というのが今回のテーマです。読者のあなたが、現役バリバリの登山エキスパートもしくは登山ガイド経験者ならば、このページはお飛ばしください。ここでは、ちょっとゆるい人生を送っている一般人が主役ということにして、次へ話を進めましょう。

はからずもリーダーになった貴殿へ

これから語ろうとする「リーダー」は、どちらかと言えば、親睦と楽しい思い出作りを目的に集まった人々、いわば「なあなあグループ」のリーダーのことです。

このようなグループではリーダーの決め方がとてもシンプルです。「前回ワシがやったから、今回はあんたの番だよ」といった感じ。あなたのほうも、ちょっと気が重いなあと感じつつ、長い会社生活では一応中間管理職というリーダー経験がないでもないから、「まあ、いいでしょう」と、ひと返事で引き受ける。

なあなあグループのリーダーは、一見するとたいへん気楽ではあります。メンバー全員がお互い楽しく過ごせるように、あまり「ワシが、アタイが」を出さずに、いるのかいないのかわからないくらいの存在感で付き添ってあげるのが一番ですね。和やかな雰囲気のうちに全員無事山頂に立ち、これまた和やかな足取りで全員無事に下山する……。

けれども、いつもこのようにめでたしめでたしで終わるとは限りません。何らかの不慮の出来事が起こったりすれば、ゆるキャラ的なあなたといえども、ただちに非難の目にさらされてしまうかもしれないからです。

突如、悪天候や進退の是非を迫られる事態に遭遇する。そこにはどんなヒューマン・リスクが想定されるのでしょうか。想像をたくましくして、リーダーとメンバーの双方の立場から考えてみましょう。

不測の事態で噴出する本音と本心の数々

①不安と困惑のリーダーシップ

なあなあ会議を通じて選ばれしリーダーの脳裏にあるのは「統率」ではなく、「融和」の二文字です。第一目標は波風を立てず、粛々と行程をこなすことでしょう。「とりあえずのリーダーだよ。あまりワシをいじめないでね」的なリーダーシップです。

このため、何か事が起こったときには、グループの動揺を鎮めるというよりは、みんなと一緒の被害者目線に立ってしまいがちです。「いやはやたいへんなことになりました。みなさんどうしましょうか?」みたいなことです。ともあれ誰かが次の言葉をつないで、目下の問題を解決してくれるのをあてにしようとする姿勢です。

②どーすんのよ的な不満分子

一方、趣味や娯楽の延長として集まったメンバーのみなさんは、いろいろな意味で差があってマチマチです。体力やスキル、衣服・装備・食料。お互いに相手の力量も目標達成意欲もどの程度なのかよくは知りませんし、あまり関心ももたないでしょう。体調を崩しても、他人への遠慮があって言いだせない人が出てくるかもしれません。

しかも、常に緊密な結束力と信頼関係で成り立っている精鋭的登山部のメンバーとは異なり、なあなあグループの場合はお互いの信頼関係が未知数です。非常時には連携や協力がうまくいかず、下手をすると「なんでこうなるの!」「どーすんのよ?」といったご不満がフツフツと湧き立ってくることも覚悟せねばなりません。

いずれにしても、統率が乱れるとコミュニケーションがうまくいかなくなる、つまり考えや行動がバラバラになってしまう可能性が大です。過去に実際にあった例ですが、歩けなくなって置いてきぼりを食ったメンバーの一人が、道迷いや低体温症にかかって悲劇につながったりしています。

なあなあ的リーダーの３つの心得

まあ何が起ころうとも、現実は現実として受け止めなくてはなりません。つきましては若干の危機管理的視点を加味しつつ、次の心得をご提案申し上げたいと思うのです。

一つは「自分の力量不足を補う工夫をする」こと。不測の事態に対処できずに「困っちゃいましたね。どうしましょ？」と周囲をあてにしてはリーダーとしてのコケンに関わります。まずは「私はこう思うが、みなさんはどうですかね？」と、自分の意見を言ってからメンバーそれぞれの意見を誘うようにしましょう。また、しかつめらしい顔で「リーダーの私にもしものことがあってはいけないから……」とサブリーダーを指名しておくのも忘れずに。サブがいれば力量不足はとりあえず補完できるでしょうから。

次に、「非常時こそメンバー一人ひとりとしっかりコミュニケーションをとる」ことを意識しましょう。統率が乱れ、事態を悪化させる背景には、常にリーダーとメンバーたちとのコミュニケーション不足があります。ただし、これはあくまで緊急のときです。普段はあまり口出しせずに、寡黙ぎみのほうがよいかもしれません。

最後は「下山するまでは全員一緒」の方針を貫くこと。メンバーはそれぞれに下山後の予定をかかえています。悪天候で行程がはかどらなかったりすると、リーダーのあなたに、早く下山したいと訴える人が出てくるかもしれない。そんなときに「そりゃどうも引き止めてごめんなさい。お先に行っちゃってください。お気をつけてね」などと言ってはまずいのです。可能なかぎり下山口までは一緒に行動し、全員の安全と無事を見届けてから各自の行動を許可したいものです。

以上、ゆるい統率グループのもとで起こり得る問題についての話でしたが、もちろんこうしたグループだけがリスキーだと述べているのではありません。これはこれで、ゆるくて居心地がよくていいことなのです。ただ、みんなで山登りの時間を共有するということは、楽しさだけでなく、万一の際には「危機」を共有することでもある。これを理解していただきたいと思います。

【今回のまとめ】

・力量の補完とコミュニケーション、そして全員一緒の行動

なあなあ的メンバーの心得

〝なあなあ〟よ、もう一度

山登りするもの、この指とまれ！　今やインターネットのSNSでこのように呼びかければ、ただちに何人もの人が集まる時代です。この便利さ、気軽さはとても魅力的ではありますが、その一方で少し危うい側面をもっていることも確かです。なぜって、相手がどんな人かまったくわからないまま、「山が好き」という自己申告だけで集まるのです。でもそれを言ったら、人がつながる機会などできやせんでしょう？とあなたは思うかもしれない。

もちろんテニスや将棋が好きといった集まりなら、赤の他人同士、上手下手は別として、どしどし仲間を募ればよいのです。しかし登山が他の趣味やスポーツと異なるのは、少しオーバーな表現ですが「命を共にする活動」だからです。

ある日、事務局のあなたのところにメールが来る。「当方、山岳写真歴33年と3カ月、富士山・白馬岳から近郊のポンポコ山まですべてクリア。親睦を深めたく御山の会に入会を希望いたします！」と。さっそく北アルプスの燕岳《つばくろ》〜蝶《ちょう》ヶ岳2泊3日コースあたりを企画し、現地集合してもらう。やってきたそのお方、なんとスニーカーに日帰り用のデイパック姿。聞けば〝すべてクリア〟とは麓から山を写真に収めたという意味で、頂上を極めたことはないらしい。早くも登山開始前からエンストしたような気分に襲われるパーティ。この危機をどう乗り切るか。

このようなこともあろうかと、前セクションでご紹介した「なあなあ的リーダーシップ論」に続き、今回はなあなあパーティの抱えるリスクとその対策について極私的な見解を述べさせていただこうと思います。が、その前に「なあなあパーティ」とは何かを明確にしておきましょう。それは「SNSなどで集った人々によるにわかパーティ」「登山ツアーご一行もなあなあのうち」ということです。このように定義して、先を急ぐとしましょう。

お互いの「遠慮」と「無関心」がアダとなる

なあなあパーティといえども、リーダーが毅然とした態度のとれる人なら、ナアナアだろうがネエネエだろうが問題はありません。しかし初めて会ったお方に対し命令口調やキツイお言葉を発するのはまずいと考え、リーダーもつい遠慮がちになる。「さっき休憩したばかりでしょ。もう頂上はすぐそこなんだから、がんばりなさい！」と叱咤激励したいけど、口では「このコースきつくてごめんなさいねえ。ナアニ、ゆっくり休憩しながらいいんですよ、ゆっくりで」となってしまうのです。

もっともこの程度なら、危機やリスクに関わることではないのですが、メンバーのほうに他人に迷惑をかけまいとする気持ちが強かったりすると状況が変わってくる。「ううっ、苦しい。だけどみんなの足を引っ張るわけにもいかんし、ガマンしてついていこう……」と、ご年配のメンバー。周囲はそんな事情はつゆしらず、スタコラ先を急ぐうちにだんだんアブナイことに。

もう一つ見過ごすことのできない側面も。それは、どの参加メンバーも親睦を兼ねて山をエンジョイすることを最大の目的としています。相手がどの程度の経験や体力、スキルをもっているのか、登山装備はどの程度しっかりしているのか……といったことにはお互いに関心がありません。「細かいことは抜き。みんな一緒だヨ！」の精神です。

これは見方を変えれば、登山のリスクはパーティという集団の力が何とかしてくれる。自分は何も考えずにその中でほっくり楽しもう。そんな姿勢ではあるまいか。平時は何事もなく過ぎていきますが、緊急時には不協和音みたいなものが表面化し、自己主張を始めたとしても無理はありません。

なあなあ的空気がリスクを呼び寄せる

では、どのようなことが表面化するのでしょうか。まずは先ほどの「遠慮」が原因で起こること。

例えばリーダーがあまりに遠慮がちだと、メンバーには不安や戸惑いが出てきます。決断力のない〝ぐずぐず先生〟に見えてきて、このリーダー大丈夫かしら？と思い始めたりします。一方メンバー自身が遠慮しすぎると、先ほど述べたように自分の体力不足や不調を言い出せずにガマンしてついていき、具合が悪くなって倒れ込んだりしないとも限らない。そうなれば本人が自己嫌悪や孤立感を深めるだけでなく、パーティ全体の士気にも影響します。

次に、お互いの「不干渉」もしくは「無関心」が高じて起こること。たとえば持参した食料が足りなくてスタミナ不足になったり、登山装備の不備のために出発に手間取ったりすると、ほかのメンバーの中にはあからさまに不満や苦言を口にする人も出てくる。「あの人、もうちょっと事前の準備をしっかりやっていれば、みんなに迷惑かけなくて済むのに……」みたいなことです。和気あいあいとやっていこうと思っていたところが、こうしたきっかけで相手を意識しはじめ、突っ込みを入れたくなるわけです。

そして、悪天候などで自分の身を守るのが精いっぱい、といった状況に置かれたりすると、さらにこれがはっきりした形をとるようになります。異なる意見や考えが出てまとまりがなくなる、先に行く人、とどまる人、バラバラに行動するようになる。２００９年7月にトムラウシ山で8人の犠牲者を出したパーティ遭難などは、この典型といえるでしょう。

この3つを心に刻むべし

メンバーが陥りがちな不協和音は、突き詰めれば、お互いの真の姿が見えてくることによる「ギャップ」と、「山を楽しむ権利をじゃまされた」という個人感情が原因であることも少なくないのです。いずれもリーダーが速やかに解決しなければならないものですが、それができないときが問題となるわけです。こんな状況に対処するためには、参加メンバー一人ひとりが次の３つの心得えを確実にしておくに越したことはありません。

①「心」

困ったときはリーダーやほかのメンバーが助けてくれる、フォローしてくれるといった甘えは禁物です。なんのかんのと言っても自分の身は自分で守らなきゃの姿勢で。また、周囲を意識しすぎて必要以上に自分を体力やスキルのある人間に見せようとするのもイケマセンね。

②「体力」

日頃からジョギングなどで足腰と心肺機能をしっかり鍛えておきましょう。それでも実際に山を歩いているときに、ガマンするのもつらいような体調不良や痛みに襲われたら、遠慮せずリーダーに申し出ること。手遅れになっては大変ですから。

③「装備」

食料を含めた装備一式のありようは、これから山に登ろうとするあなた自身の姿勢そのものです。パーティ登山だからここまで念入りにする必要はないとか、こんなものを持っていったら大げさだと笑われないかといった考えは禁物。本当に必要だと思うものは必要なだけザックに収納しましょう。

なあなあメンバーの抱えるリスクにまつわる話をあれこれ書いてきました。しかし実際のなあなあ登山は、こんな話を打ち消して余りあるほどの楽しさに満ちていることも事実。ただ、その楽しさ光線に目がくらみ、リスキーな側面をすっかり忘れてしまっては、ちょっとアブナイと思うのです。

【今回のまとめ】

・メンバーといえども、しっかりした「心」「体力」「装備」で自立しよう

一人気ままに歩くことの自由と責任

そろそろ二人が恋しくなってきた!?

自分の山登りがどんな形でスタートするかで、その後の登山スタイルがある程度決まってしまうことも珍しくありません。筆者の場合、たまたま八ヶ岳連峰の赤岳《あか》に一人で登ったことがきっかけで、以来何十年も、登山は単独行が中心となってしまいました。一方同じ単独行でも、次のような人もいるでしょう。これまでパーティで山に登っていたけど、歩調を合わせるのがちょっとつらくなってきた。もっと自分と向き合いながらマイペースで歩いてみたい。あるいは、これから登山を始めたいが、自分の性格から言って一人歩きの方が性に合っている、と考えている人たちです。

しかし一人で山へ行こうとすると、時としてそれにブレーキをかけるもう一人の自分が出てくることもあります。「単独登山は危険だぞ。それでも行くのか？」と。もっともこれは、自分というより世間一般の認識でしょう。単独行者は万一ケガをしたり道に迷っても助け合うことができない。だれにも行き先やコースを告げなかったり、通報できなかったりして救助隊の発見が遅れて助からない可能性が高い……。単独登山が好ましくないと見なされる理由はいろいろあるのです。

しかし、こうした理由だけで単独行は好ましくない登山スタイルと決めつけてしまったら、登山本来の魅力まで薄れてしまいそうな気がします。これはこれで聞き捨てならない話。そこで今回、筆者はあえて単独登山を肯定しつつ、単独行者はどうあるべきなのか、つまりは「単独行のリスクマネジメント」を考えてみようと思います。

単独行だから無謀なのではない

警視庁の事故・遭難統計などを見ると、単独登山の厳しい現実があることは確かです（153ページ図表6を参照）。しかしこうした数字からすぐに単独登山は危険であると見なすのはいかがなものかと。理由は次のとおり。

まず単独行よりパーティの方が安全という見方について。しっかりと統制のとれたパーティならば確かに安全でしょう。しかし、趣味や親交目的の〝なあなあパーティ〟の場合、安全性は限りなくグレーに近づいていきます。過去のさまざまなパーティ遭難事例がそれを物語っています。単独でもパーティでも舵をとるのは基本的に一人です。もしリーダーやガイドの判断と指示に誤りがあれば、そのまま全員が誤った方向へ引きずられることになる。深刻な事態にはまり込んでしまえばメンバーの信頼関係が破たんし、あとは単独行と変わらないバラバラの道筋をたどるわけです。

次に気になるのは「単独行者＝無謀登山者」というステレオタイプ的な見方。そもそも「無謀登山者」とはどんな人たちなんでしょうか。山小屋スタッフさんのブログなどを拝見すると、どうすればあんな風に考えて行動してしまうのかと呆れてしまうような迷惑登山者の数々を目にすることができます。彼らの多くは山と向き合うことで山が好きになったのではない。商品や観光スポットとしての山を体験してみたくなっただけです。おっ、写真で見たのと同じ風景だ。おっ、熟達者向けのコースだ。せっかく来たからには自慢話に独標《どっぴょう》でも往復していこう。そう言ってノコノコ槍ヶ岳から北鎌《きたかま》尾根に入り込もうとする。

翻って、本来の単独行者は慎重かつ自立した人たちです。山はどんなところか知っていますから、あやふやな気持ちでは怖くて登れやしないのです。ただ、その自立心が裏目に出て、心配をかけまいと家族や会社にも告げずに出かけてしまうという難点はありますが。いずれにしても、無謀登山者と単独行者とを一緒くたに考えてはいけないのです。

後にも先にも自分だけであるということ

単独行には、前を見ても後ろを振り向いても、自分一人しかいないことの〝自由〟と〝不安〟が付きまといます。単独行の〝自由〟とは自由気ままの自由。どこまで歩いて、どこでどのくらい休憩するのかは自由です。しかしそれは、単独行者は時間にルーズであるという意味ではありません。単独行であるがゆえに、常に心の隅には自分を律する（コントロールする）もう一人の冷めた自分がいて、時間をしっかり管理し、調整しながら行動しているわけです。

次の〝不安〟ですが、実はこれが単独行者を単独行者たらしめている最大の要素ではないでしょうか。彼らは無謀どころかむしろ臆病なんです。何かあったら困るよなあ……そう思いながら荷造りするうちに、いろいろなアイテムを詰め込みすぎてすぐにパンパンになってしまう。これはいけないとザックから取り出して、また1点1点入念に取捨選択する。登山計画はエスケープを含め、しつこいくらいにさまざまなルートを模索し、山小屋やテント場、そして水場の所在を確認し、頭でイメージしながら組み立てる。万一の際に頼れるのは自分一人しかいませんから、慎重にならざるを得ません。

山に登っているときは、少なくとも心の中では準備万端、いつでも来い！という姿勢で臨みます。まあ半分はハッタリでしょうけど。また、予定のコースタイムよりも少し早く歩くことを心がけるでしょう。行き暮れてしまったりしたらイヤですから。時々天候を気にかけつつ、岩場やガレ場などはいつ落石があるかわからないから心持ち足早に通過。山から戻れば戻ったで、登山中の失敗やヒヤリハットをしっかり覚えていて、次に向けてそのリスクの再発防止策を講じておくことでしょう。二度と同じ思いをしたくありませんからね。

単独行者のリスク対応指針はコレだ

以上のように、筆者が知る限り単独行者の多くは自分がコントロールできる範囲もしくは領分を守って行動する人たちです。山では何が起こるかわからないので無茶な行動は慎まざるを得ないのです。なので心配はご無用ですよと言いたいところですが、念には念を入れて、単独行のリスク低減のための指針を掲げておきましょう。名付けて逆説的単独行３カ条。

その一、単独行者は臆病でなければならない

プランニングと準備の段階では、慎重かつ用意周到にということです。「こんなもんでいいだろう」は単独行には許されません。起こっちゃ困ることをアレコレ想像たくましくし、それを回避すべく心を砕く。自分でしっかり納得のいく登山計画と装備が決まって初めて前へ進むことができる。

その二、単独行者は周囲に心配をかけなくてはならない

家族や勤め先、または友人・知人に単独登山に出かけることを宣言し、登山届を確実に出さなければなりません。「ええっ、また一人で山へ……？」と彼ら彼女らは呆れ、かつ心配するでしょう。

その心配を一身に背負って山に入る。これぞ単独行者が果たすべきリスクコミュニケーションであり、責務なのです。

その三、単独行者は呑気でなければならない

ひとたび山に入ったら、鷹揚かつ適度にいい加減に構える。自由であることを謳歌しよう。オドオドビクビクしているとかえって山のリスクに足元をすくわれます。その一を通じて自分で納得のいく周到な準備ができているのですから、恐るに足らず。単独行者は自ら助くる者を助くのです。

〔今回のまとめ〕

・単独行は無謀である、は非難に値しない
・単独行3カ条をキモに銘じよう

図表6：単独行はパーティよりも危険か？

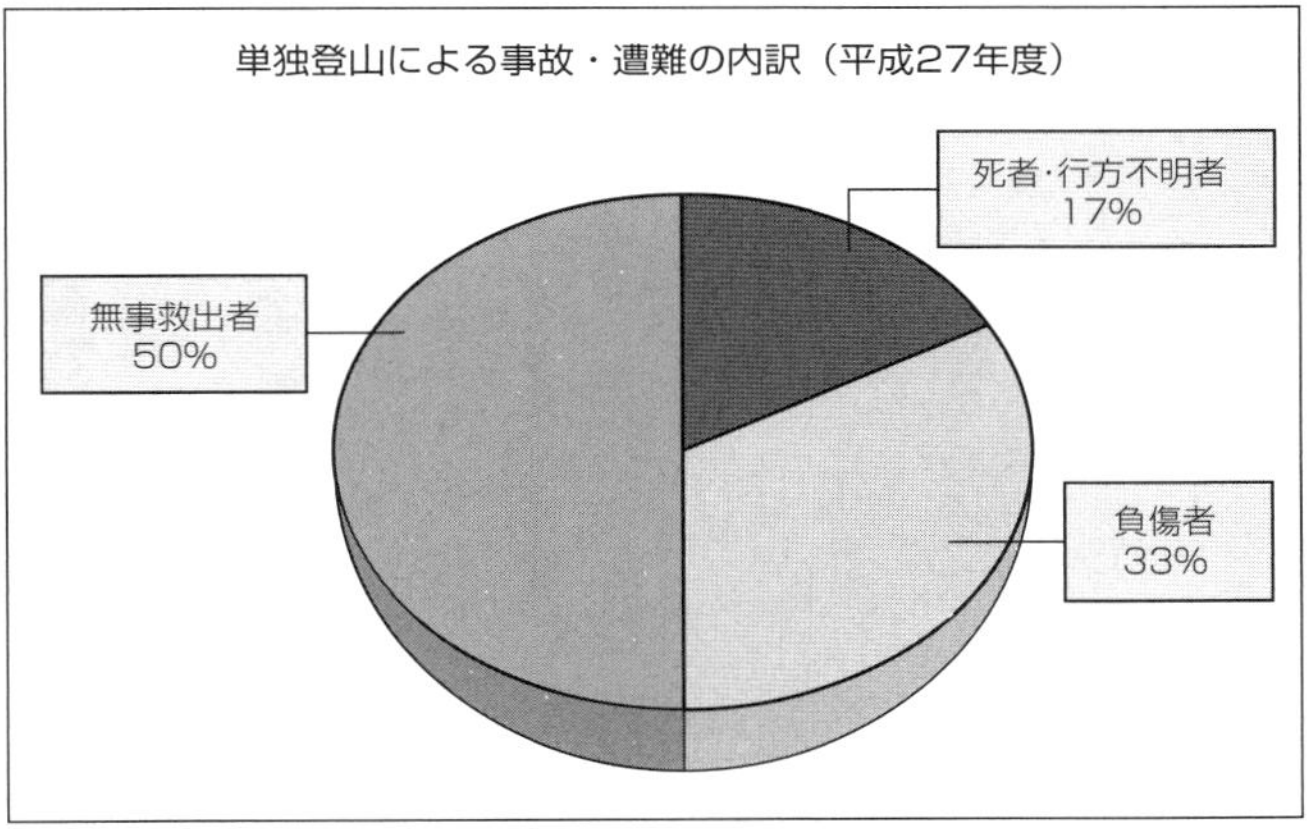

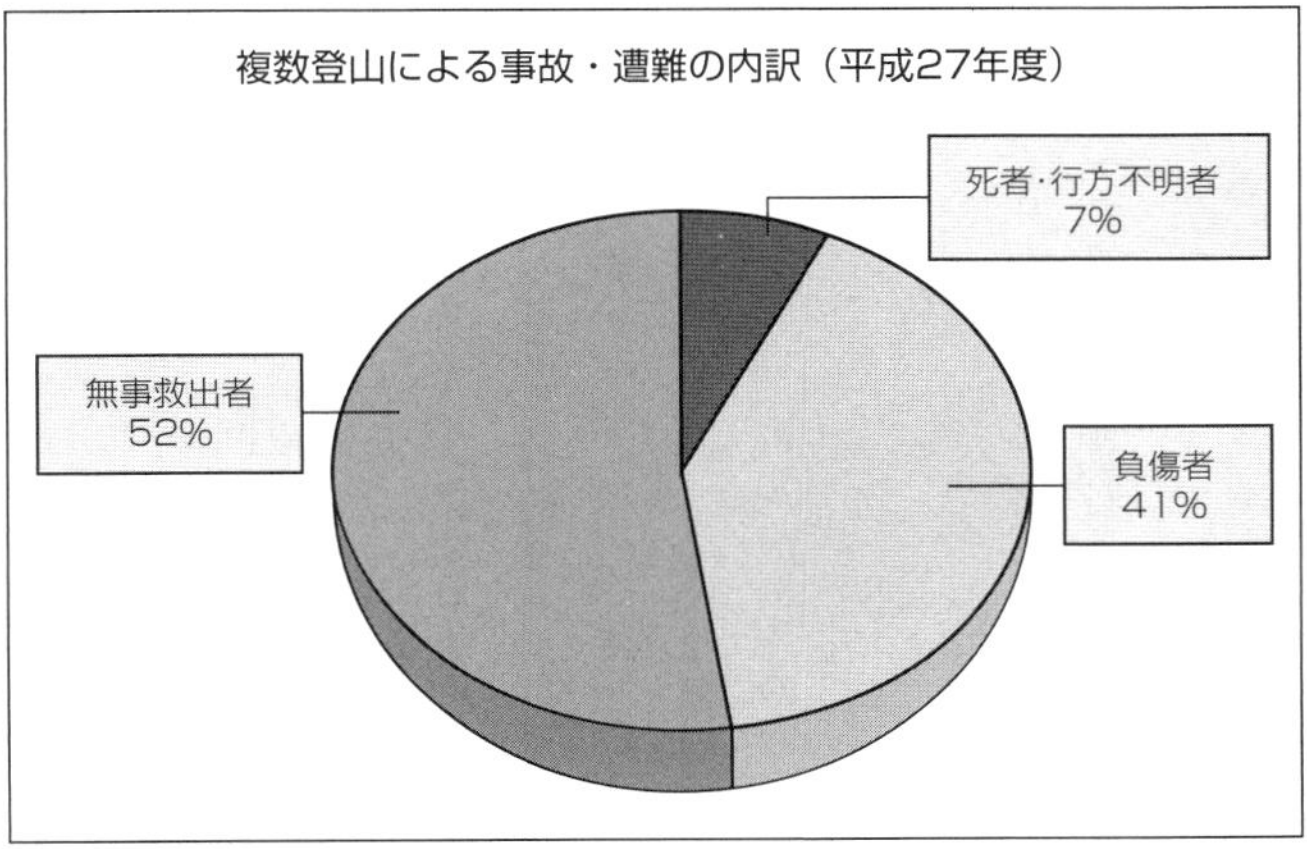

単独登山（目的が「山菜・茸採り」「観光」等の者も含む。）における死者・行方不明者は185人で、全単独遭難者の17.3%を占めており、複数（2人以上）登山における遭難者のうち死者・行方不明者が占める割合（7.6%）と比較すると約2.3倍となっている。
（グラフは警察庁生活安全局地域課「平成27年における山岳遭難の概況」より筆者が作成）

お互いさま精神で山小屋の混雑なんのその

まったりオアシスを楽しめないあなたに

山小屋は、いわば砂漠ならぬ山のオアシス。白砂照り返す炎天下の縦走路の途中、山小屋の軒下に飛び込んで味わう冷えたドリンクは最高です。時間と焦りに背中を押されつつ、さびしい山道を足早に急ぐその先に、登山者のにぎやかな声がこだまする山小屋の玄関が見えたときの安堵感。なんとも頼もしいではありませんか。一方、ウィークデーやシーズンオフの山小屋の〝まったり感〟も捨てがたいものです。日当たりのよい部屋をあてがわれ、日干ししたばかりのお日様のにおい芳しき毛布を胸元までかけて横になる。うとうとしているうちに「夕食の時間ですよー」と階下からスタッフさんの声。これが至福の時間でなくてなんであろうか。

ところが初夏から盛夏にかけて、あるいは紅葉真っ盛りの登山シーズンともなると、山小屋といえどもそんな長閑なことは言っていられなくなる。言うまでもなく週末を中心とした「混雑」のことです。もちろん混雑を避けようと思えばいろいろな方法が思いつくでしょう。なるべく週末や連休中の登山は控える、なるべくシーズンオフに行く、なるべく体力をつけてテント生活にシフトする。このように「なるべくモード」に切り替えれば、混雑の問題も気にならなくなるにちがいありません。

と言いたいところですが、おいそれとこれらを実現できないのが一般社会人のみなさんのゲンジツです。仕事をもっているから平日には休みが取りにくいし、山仲間もシーズンオフだと日程が合わない。テントの装備はお金がかかるし、そもそも背負っていくだけの体力がねえ……といった人も少なくありません。したがって今回は、「どう考えても、いちばん混む時期にしか山に行けんのよ！」とお嘆きの貴兄と貴女のために、山小屋の混雑リスクから少しでも身をかわす方法を考えてみたいと思います。

こんな経験はござんせんか？

山小屋の混雑で起こる直接的、間接的なリスクは実にさまざま。見知らぬ人同士が一つの場所に集まり、それぞれ思い思いの目的を遂げようと動きまわるわけですから何も起こらないほうがおかしい。洗面所が長蛇の列とか、食事が二回転、三回転して待ちぼうけを食らうことは当たり前、時には次のようなことも覚悟しておかなくてはなりません。

①登山靴やストックの取り違え・紛失

混雑時の山小屋の靴棚は、時として赤の他人同士、瓜二つの登山靴が並ぶことも珍しくありません。靴やストックの取り違えや紛失などは、その後の行動そのものを阻害することになるから、ゆゆしき問題です。靴には自分のものとわかる名札や蛍光色のド派手なテープでも巻き付け、ストックは縮めて素早くザックに収納しておくべし。

②寝床の配置が最悪なのだ!

一枚の敷布団や掛け布団をシェアするような状況下では、あおむけに寝られない、自分の枕元にずらりと他人の足がくる、といったことが。一睡もできなかったり、頭を蹴飛ばされたりする危険大です。この種の問題は小屋に抗議したいところではありますが、聞き入れてもらうのも至難のわざ。着るだけ着込んで、落ち着いて眠れる場所に逃れることも視野に入れましょう。

③他人のイビキで眠れない

夜中に「ガオー、ガガガガ、ヒューーイ……」と繰り返されるイビキ、これは間違いなく寝不足リスクの第一原因となるでしょう。翌日の行動にも差し支えるので、なんとかしなくてはなりません。耳栓があれば多少は緩和できるかもしれませんが、どうしても気になって眠れないときは、これも安眠できるスペースを探して移動するしかないです。

人の多さと勢いに流されないために

混雑した山小屋で起こり得るリスクと当座の対処方法については以上のとおりですが、もう少し戦略的に工夫できることはないのか。それを少し考えてみましょう。

普通、登山コース上のお目当ての山小屋を選び、ネットで宿泊料金や小屋の雰囲気、利用した人の評判などをチラリ程度に参照し、よければ予約の電話を入れて終わるところです。が、ここで安心してはいけません。あなたの予約の後にニギヤカトラベルツアーご一行が予約を入れてくるかもしれないし、天候の急変で足止めを食らった大勢の登山者がそのままアポなしで小屋に泊まることもある。到着してみたら想像を超える高い人口密度の寝苦しい一夜が待っていた、なんてこともあり得るのです。

そこで、大変オーソドックスな提案ではありますが、「山小屋には早めに到着すべし」の鉄則を守ることが肝要だと思うのです。一般に山小屋への到着時間は遅くとも16時ごろまでといわれていますが、しかし先ほど述べたように、小屋に到着してみて人の多さに唖然としないためには、15時前には着いてしっかり場所を確保できるように計画を組む。これに尽きますね。

また、混雑時は人数の多いグループやツアー客を優先してスペースが割り当てられ、単独行の人などは流動的に周辺部に追いやられてしまうことがある。気がつけば「あれ、何で柱を抱えて、くの字になって寝なきゃいけないの?」みたいな。そこでもし、ほかに同じ単独行の人がいたら声をかけ、ちょっと仲良しになってグループのようにふるまいましょう。これは大所帯のパーティの勢いに流されないように「陣」を張って自分たちの居場所を守り抜く戦法なのです。

〝お互いさま〟の精神がカギ

このように、繁忙期の山小屋では社会の縮図ともいえるようなことがあれこれ起こるわけですが、そんな状況をサバいて仕切って秩序を保とうとすれば、いろいろな不協和音が生じることは避けられません。しかしここで、自分の思いどおりにならないことにストレートに反応してしまうと、せっかくの楽しい登山がストレスや不満のかたまりになってしまいます。おまけにこのような状況のもとでは、理由もなく「われ先に」の心理が働きやすいもの。今自分がやろうとしていることは、本当に今すぐでなければならないのか、ちょっと自問自答してみましょう。

山小屋とは特別な場所にある特別な施設です。宿泊者個人のプライバシーよりも優先しなければならないことが多々あるのです。下界のホテルや民宿並みの質やサービスを期待するには無理があることを心得ておきましょう。何のかんのと言っても、こんな時期は「〝お互いさま〟の精神」で乗り切ることに徹するのがベターでしょう。

最後に逆転の発想を。混雑が予想される時期には、人気のある有名な山やコースばかりこだわったりせずに、こんなときだからこそマイナーな山を楽しもうと考えるのも一つの手です。主脈からちょっと外れた山やコースの途上にある山小屋は、意外に宿泊料金も割安で、信じられないくらいすいていたりするものです。このような山小屋で過ごした時間はとてもゆったりと充実していて、優越感にも似た、そして得をしたような気分にもなりますよ。

［今回のまとめ］

- 混雑リスクには〝早着き〟を心がけよう
- 〝お互いさま〟の精神でイライラを解消

「いいね!」と「拍手!」で天まであがれ

自己実現はよいことです。しかし……

ある時、一流クライマーと称される人が、熊野の那智の滝を登って当局からおとがめを受けてしまいました。恐れ多くもご神体の岩にハーケンを打って滝登りをするとは何事かというわけです。「まあ、一流クライマーさんのことだから、自己実現目的のためにやっちゃったのだろう。彼のようなアウトローが一人や二人いてもおかしくない……」。当時の私の感想はそんなものでした。

ところがその後、どういう経緯なのかは知りませんけれども、この人は滝登りの一件などを含めて書いたエッセイ本を出したのです。おやっ?と思ったのは私だけではなかったでしょう。その理由の一つは、これはどうも孤高のクライマーが勢い余ってたまたま起こしたものではないな、計画的に目立とうと思ったのかもしれないな、と。もしそうなら、国宝級の寺院の壁に落書きをして自慢する若者や、動画投稿サイトにトンデモ動画を投稿し、アクセス数が増えたと喜んでいる人たちとあまり変わらないじゃありませんか。

そしてもう一つ、世の中というのは、こういうことに関しては意外と寛容なんだね、という思い。

この本を刊行したのは大手出版社です。読者だけでなく、作家や探検家も好意的なコメントを寄せています。おまけにアウトドア各誌までもがレビュー記事を大きく掲載して「おもしろい！」と絶賛している。つまり、いろいろな立場の人がこの滝登り先生の行為を直接的、間接的に支持あるいは容認していることになります。このような空気があると、同じことを真似する者が出てくるのが世の常です。予想通りというべきか（因果関係はわかりませんけど）、この本が出版された数カ月後、今度は石川県指定の天然記念物の岩にハーケンが6本打ち込まれるという事件が起こってしまいました。

これでボクもスクープ記者だ！

目立ちたいとか、不特定多数の相手に自分をアピールしたいという気持ちは多かれ少なかれ誰にもあるでしょう。要は程度の問題なのですが、度を越すといろいろとやっかいなことに発展しかねません。それはどんなリスクなのか、もっと身近な例で見てみましょう。

①御嶽山入山規制区域内に立ち入った会社員

ある男性は、岐阜県下呂市が指定していた御嶽山の入山規制区域内に無断で立ち入り、翌日登山情報交換サイトに記事や写真を多数投稿。これに気づいた市職員が警察に通報しました。「規制は知っていたが、百名山の一つだからどうしても登っておきたかった」と容疑を認めたそうです。

②蔵王山の避難勧告区域に立ち入った人々

宮城、山形両県にまたがる蔵王《ざおう》連峰の蔵王山では、ある年の4月から6月にかけて火口周辺危険警報が発令された時期がありました。ところが、ちょうどこの期間中の日付で、登山情報交換サイトに警戒範囲に立ち入ったことを示す記録や写真が、複数のユーザーから投稿されていることがわかりました。

これらの迷惑行為を行った登山者たちは、いずれも有名な登山情報交換サイトの会員です。こうしたコミュニティサイトでは、ユーザーは自分の登山記録を自由に投稿したり、投稿者の記事を自由に閲覧して評価することができます。投稿者は閲覧者からの評価を、いわゆる「いいね！」や「拍手！」の数、アクセスランキングといった実績数で目にすることになります。ということは、あたかもスクープ記事のつもりでこうしたサイトに投稿し、多くの人々に注目してもらうことが彼らの主な目的ではなかったかと思われても仕方がないでしょう。

等身大の自分ではいられない心理

ところで、目立ちたいばかりに自分のやりたいことを平気でやってしまう登山者の心理には、いくつか共通点があるように思います。筆者の独断と偏見ですが、例えば次のようなことです。

第一に、自分は登山が好きでたまらない。そんな自分を知ってほしい、評価してほしい。そんな気持ちがあるのだと思います。第二に「これはイケないことをしちゃった、すまん、すまん」という反省の姿勢が見られないことです。正しいこと、当たり前のことと考えている。問題はここです。なぜこんな意識をもってしまうのでしょうか。その答えが第三です。自分は社会が認めた「登山」というまっとうな枠組みの中で活動している。おまけに自分のやっていることを支持し、評価してくれる人たちがいるではないか。どこがいけないのか、という姿勢だろうと思います。

こうしてまっとうな気持ちで確信犯的にキケンな登山をし、これまたまっとうな気持ちで記事を投稿するようなことを繰り返していると、さらにリスクは拡大していきます。例えば、もっとたくさんのユーザーに注目してもらうために、見たことも聞いたこともないようなバリエーションルートや危険な場所に入り込む。前掲の2例もこのパターンですね。あるいはトレイルランでもないのに韋駄天《いだてん》のような信じられない速度で歩いてきたことを報告する。一方、これらの投稿を閲覧するユーザーさんの立ち位置としては、なるほどこんなことをする人もいるんだとさりげなく受け流せばよいのですが、世の中そのようにはできていないのです。こうした投稿記事を「うひょー！すげー！」「カッコえー！」と声をあげながら読んでいるユーザーさんの目には、投稿者がカリスマ登山者に映るでしょう。それは閲覧ユーザーさん自身がカリスマ二世になりたいと望んでいるアカシなんです。そしてついには、カリスマ一世さんも二世さんも、世に言うところの無謀登山をやらかして、迷惑行為やアクシデントに至ってしまうかもしれないのですよ。

背伸び君は私たちが育てている

彼らの過剰に〝背伸びしたい〟という気持ちを思いとどまらせる効果的な方法はあるのでしょうか。そもそも人目を引いて天まで上がりたくなる気分というのは、自己充足的には起こらないものです。そこには必ず「ワッショイ、ワッショイ！」と、より高くオミコシを担ごうとする周囲の声がこだましている。しかもその多くは、末永くそうあってほしいとか、今後もずっと期待していますからがんばってください、といった選挙応援や激励のような思慮の結果としての声ではない。

こうした声――「いいね！」や「拍手！」のボタンを押すこと――は、実に気軽にそのときどきの気分にまかせて押せるのがミソです。押したからと言ってそれが自分に影響するわけではないし、

５分も経てば押したことすら忘れてしまうでしょう。しかし背伸び君サイドからすればそうではありません。刻一刻と賛同者が10人、１００人、そして１０００人に増えていき、それがしっかり数字として記録される。あたかも拍手喝采を浴びているスターのような気分でありましょう。「ようし、またやったるでえ！」と、限りなくエスカレートしてしまうのも無理はありません。

その意味で、背伸び君たちのリスキーな行動に少しでもブレーキをかける方法があるとすれば、それは閲覧者である「私たち自身」の姿勢が変わることでしかありません。投稿記事をバランスのとれた目で見るリテラシーを養う。そして「いいね！」や「拍手！」ボタンについては、むやみにおもしろい、愉快、すごいといった感覚的な読後感だけではすぐには押さない。これが大切ですよ。

なお、念のために申し上げますが、筆者は登山情報交換サイトそのものや、ユニークな登山記録を提供するユーザーさんたちを否定しているのではありません。あくまでハメを外し過ぎの一部の登山者たちに対するリスク低減策を提案させていただいたまでなんです。その点をお忘れなく。

【今回のまとめ】

- 背伸び君は私たち自身が育てていることをキモに銘じよう
- 「いいね！」や「拍手！」ボタンは一呼吸置いてから押そう

第4章

リスクの低減・回避・改善のために

〔食う・寝る〕▼〔歩く〕の原則

〔食う・寝る〕を妨げるリスクとは何か

誰しも待ち焦がれる夏山シーズンは、まさに「ファイト〜いっぱ〜つ！」の世界です。夏山にかける私たちの闘志は、世俗のよしなしごとをきれいさっぱり雲海の彼方に吹き飛ばし、身も心もリフレッシュさせてくれます。

しかしここに一つ問題が。山男、山ガール（最近は登山女子とも言うらしい）の多くは社会人であり、仕事をもっています。日常生活は仕事を中心に回っているから、登山のための準備や体力作りのプライオリティはどうしても下がってしまう。

この結果、しばらく山から遠ざかっていれば、日頃の運動不足や体力不足が気になります。せいぜい山に行く直前に、にわかトレーニングを始めて、なんとか辻褄を合せるだけです。出発間際には山の天候が気になりますが、この貴重な休日、たとえ天気が悪くなることがわかっていても、おいそれとスケジュール変更はできません。

こうして運動不足と仕事のストレスを引きずったまま、無理なスケジュールを冒して山に向かうわけです。このような無茶ができる最大の理由は、「仕事疲れやストレスなんて、登山の苦労に比べたら取るに足らないものだ」という思いがあるからでしょう。しかし、山は気力だけで登れるものではありません。

登山は［食う・寝る］→［歩く］の繰り返しです。［食う・寝る］を充分かつバランスよく実践して初めて、最適な［歩く］が得られる。ただでさえ運動不足やストレスで体調が充分でないのに［食う・寝る］のバランスが崩れたりしては、［歩く］に歩けなくなってしまいます。これはゆゆしき問題であり、なんとか避けなければなりません。

そこで、時として割り込んでくる［食う・寝る］を妨げるリスクとは何か。対策はあるのか。このあたりについて襟を正して正面から考えてみましょう。

〝食えない〟というリスク

食えないといっても窮乏生活のことではなく、ここでは次のことを指しています。

たとえば登山準備のとき。持参する食料の嵩と重さはけっこう気になるもの。もう少し荷を軽くしたい、あるいはダイエットのつもりで省けば一石二鳥、なんてあなたは考えていませんか？

コレとコレはいらんと家に置いてきたその品目が、実はとても貴重なエネルギー源だったということも。また山小屋の食事がどうも口に合わないとか、いまひとつ食欲が湧かないといったこともあるでしょう。

しかしこれらはまだ序の口。せっかく食料も水も豊富に持参していながら、知らない間に補給するタイミングを逸してしまい、けっこう深刻なエネルギー不足を招いてしまうことだってある。いわば「エネルギー不足無自覚症候群」みたいなことです。

たとえば、炎天下でのゲンナリ登山。大汗かいて歩いているのに、あまり喉も渇かず、お腹もすかず、「あともう一息で頂上だ」という目標達成意欲だけが頭の中でぐるぐる回っている。そしてそんな折に急登に差しかかったりすると、突然、体がガクンと重くなって完全なガス欠ヘロヘロ状態になってしまう。

もう一つ、わりと経験した人も多いのではと思える事例を。富士山の弾丸登山がそれです。真っ暗で単調な登り、冷たい風、軽い頭痛とめまい……。寒いから喉は渇かないし食欲も湧かない。知らない間に水分、エネルギー補給が減ってしまい、慢性的なフラフラ状態に陥りながら山頂をめざす、みたいなことです。あるいは風雨のなか、休憩もままならなかったりすると、とにかく先を急ぐことしか考えなくなり、やはり水分とエネルギー補給不足に陥ることがありますね。

〝寝不足〟は万病のもと

さて次は〝寝られない〟という問題。故意か偶然かによらず、睡眠の機会が奪われるというのはなるべく避けたいところではあります。

身近な例では、明日登山という日の夜に限って、なぜか高画質４Ｋテレビのように眼が冴えて寝付けないことがあります。無理に眠ろうと眉間に力を入れると余計なことがあれこれ思い浮かんできたりする。仕事のこと、佳代ちゃんのこと、一週間前に食べたフグ刺しのことなどなど。

富士山や南北アルプスの弾丸登山の御一行などは、かなり意図的に睡眠時間を削っていますね。夜中過ぎに山麓の駐車場に着き、わずかな仮眠をとる。目が覚めたらコンビニで買った冷たいおにぎりを、冷めたお茶で飲み下し、夜も明けきらぬうちにいざ出発です。

山小屋の混雑によるザワつきや、イビキで寝られない、なんていうのはもはや山小屋の風物詩でしょうか。雨の中を山小屋やテント場に到着した人は、生乾きの衣服を身に着けたまま布団や寝袋に潜り込むこともあるでしょう。こんなときは身も心も冷たく寒く、熟睡とは程遠いみじめな一夜を過ごすことになります。

ところで、寝不足だとどんなリスクが考えられるのでしょうか。まずはちょっとした寝不足の場合、注意力の低下でしょう。これは物忘れや、うっかり分岐点や道標の見落とし、下手をすれば転倒などにつながりますね。少し体にこたえるなあという段階になると、歩行ペースが鈍り目的地への到着が遅れたりします。そして寝不足が原因でひとたび体調を崩そうものなら、よりリスキーなことに。冷たい風雨が吹き荒れるなかでは低体温症の気配が出るかも。高山病も有力候補です。快晴無風ならOKかといえば、そんなときは熱中症のお出ましになるかもしれません。寝不足は万病のもとということでしょうか。

ちょっとした心がけで「食う・寝る」は維持できる

このように見てくると、結局、山での「食う・寝る」を妨げる要因というのは、山特有の問題というよりも、もっと身近な自己管理の次元にほかならないと思うのです。起こり得るリスクを想定し、少しだけ意識して実践することでリスクは避けられます。

まず「食」を阻む原因を取り除きましょう。荷を軽くするために食料を切りつめたり、フリーズドライ食品をメインにする人がいたりしますが、これでは必要なエネルギーを確保できません。それよりも荷重に耐える体力を向上させるべく、少し鍛えることが先決でしょう。

たまたま泊まった山小屋の食事が口に合わなかったり、体質的に食の細い人は、自分の好きな食べ物を持参するなどして、こまめに必要なエネルギーを摂取する工夫も必要です。また、無意識のうちに水分・エネルギー不足に陥らないためには、喉が渇いていなくても20分に１回程度は水分を補給する、歩きながらでも行動食（飴、カロリーバー、チョコレートなど）を口にしてエネルギーを補充しましょう。

次に「寝」。混雑する山小屋では、ザワつきや他人のイビキで寝られないという人は少なくありません。必要なら耳栓を持参するもよし、隣人のイビキに耐えられないときは、適当に場所を変えるなどしてみるのも手です。雨の中を山小屋に到着した人は、必ず着替えること。着たまま体温で乾かそうなどと横着なことを考えていてはいけません。

寝不足のために歩行中に頭がぼーっとしたり、やたら眠くてたまらないことがあります。こんなときは、転倒や滑落の危険、あるいは高山病や熱中症などにかかりやすくなりますから、すぐさま日陰を見つけて５分でも10分でも仮眠をとるとよいでしょう。うとうとして目が覚めたときには頭も体もしゃきっとしていることでしょう。

［今回のまとめ］

・［食う・寝る］の意識的な実践が、快適な［歩く］につながる

図表7：登山で消費するエネルギー量

登山のエネルギー消費量

■運動・活動の消費エネルギー計算式

消費エネルギー（kcal）	＝	運動・強度（メッツ※）	×	時間（h）	×	体重（kg）

※メッツは運動・活動の強度を表わす単位。運動・活動の強度が座って安静にしている状態の何倍に相当するかを1時間当たりの数値で表わしたもの。
登山（4.5～9kgの荷物を背負った場合）は7.3メッツとされる。

■登山の運動強度

荷物なしの場合	6.3メッツ
0～4.1kg　の荷物を背負った場合	6.5メッツ
4.5～9kg　の荷物を背負った場合	7.3メッツ
9.5～19.1kgの荷物を背負った場合	8.3メッツ
19.1kg以上　の荷物を背負った場合	9.0メッツ

■計算例

体重60kgの登山者が丹沢の塔ノ岳表尾根を4.5～9kgの荷物を背負ってピストン（約7時間40分≒7.7時間）した場合、おにぎり1個180kcalに換算したエネルギー消費量は……

7.3メッツ	×	7.7時間	×	体重60kg	＝	約3373kcal

おにぎり換算で約19個分のエネルギー消費！

芳須勲著『もっと登れる山の食料計画』（山と溪谷社）の16ページの図を参考に著者が加工したもの

遅れてるぅ！と言われないために

山には山の時間が流れている

生まれや育ちが影響しているのでしょうか。世の中には時間を守れる人とそうでない人がいます。「6時半に落ち合おぅ」と約束する。するとA君はきっちり6時30分に姿を現わす。6時29分でも31分でもなく30分ジャストです。そうかと思えば「おっ、待たせたね」と言ってやってきたB君は、すでに20分以上遅刻している。「あっ、弁当まだ買ってなかった。すぐに戻るから」と言って目と鼻の先のコンビニに行く。しかし戻ってきたのは15分もたってからです。

ふつう私たちは、登山において遅れずに無事目的地に到着しようとすれば、B君よりも時間管理の上手なA君のほうが安心と考えます。しかし必ずしも時間に几帳面かルーズかという点だけで安全の是非が決まるものではありません。山には山の時間が流れているのです。道迷いと同様、それは実にさまざまな形で起こります。自分でも気付かないうちにゴムひものように時間が伸びてゆくのです。

今回はこうした登山における「遅れ」のリスクとその対策を考えてみようと思います。私はそんな体験したことがないのでピンと来ない、ですか？「秋の日はつるべ落とし」ということわざがあるではありませんか。山の端に太陽がかかったかなと思ったら、いきなりドスンという感じで日が落ちる。これはヤバい！と焦りつつ、薄闇の漂い始めた山道を目的地へ向かって急ぐあの心細さと冷や冷や感です。読者のなかにはお心当たりのある方もおられるのではないでしょうか。

到着を遅らせるトリビアなリスク

統制のとれたパーティ登山では、何かのアクシデントにでも遭遇しないかぎり、目立った「遅れ」は生じないかもしれません。けれど、和気あいあい的な少人数グループや気ままな単独行の人は、次のような、ささいなリスクを意識しておく必要がありそうです。

①出発・到着・休憩時のナントナク的遅れ

出発や登山口への到着時刻が少し遅れただけで、なぜかその後の行程もだんだん遅れてしまう。軽く準備運動をして、靴紐を締め直している間にも、どんどん時間が過ぎてゆく。食事休憩の時も、自分では5分ぐらいと思っていたのに、いざ腰を上げて出発するころには15分、20分が経過していたりします。なかなか挽回できないヘンな遅れです。

②思わず足が止まって心を奪われる

歩行ペースが鈍るのは、悪天候のときだけとは限りません。ちょっと立ち止まって呼吸を整えついでに周囲を見渡す。快晴の空と大パノラマがすばらしすぎる！　高山植物が咲き誇ってうるわしすぎる！　ライチョウの親子がかわいすぎる！　このように「！」的なことに出会うと、思わず時がたつのも忘れて眺望や観察に熱中する人もいるのではないでしょうか。

③無自覚的な心身の不調

登山中は大汗かいてハアハア言いながら登っていることが多いので、それとは気付きませんが、寝不足やスタミナ・運動不足、ストレスが原因で、あるいは何か考えごとをしているときなどは、知らない間に歩くペースが鈍っていることがあります。

さて、遅れた人はこの後どうなるのか。山小屋到着の遅れなら、夕食にありつけない、消灯後に到着して小屋のスタッフに恐縮し、枕を蹴飛ばさないように寝ている人たちに恐縮し、肩身の狭い一夜を明かす、などなど。下山の遅れなら、最終バスに乗り遅れて何キロも歩く、長距離タクシーを使う(マイカー登山なら駐車場に戻れば一件落着です)、麓の高級旅館に一夜を乞う……。また、どちらの場合も下手をすると山中で野宿する羽目になり、関係者に無用な心配をかけることもあります。

〝ゆとり〟と〝時間チェック〟が一番

では遅れないために私たちにできることは何でしょうか。ここでは次の3つを提案させていただこうと思います。

まずは、〝ゆとり〟ある登山計画を立てること。なんだそんなこと、登山のイロハのイだよと鼻であしらうあなた、実はそこがミソなのです。多忙な毎日を送る社会人のみなさんは、限られた日程で最大限、山を堪能しようとしますから、登山スケジュールもタイトになりがちです。意外とゆとりがないのですよ。山は「予定半分、偶然半分」の世界です。しかもこの〝偶然〟は、いかにもアクシデントでございます！のようなことだけを指すのではありません。自分でも気付かないうちにズルズル時間が過ぎてゆく前述の①～③のようなケースも含まれるのです。

二つ目。「目的地への到着はギリギリだけど、急げばなんとかなるかも……」みたいなリスクが計画にどうしても残るようなら、これをカバーする安全策も考えておきたいものです。途中に万一の際に立ち寄れる山小屋や避難小屋はないか、目的地の手前で時間を短縮できるショートカットコースはないか、帰りの代替交通手段はないか、などは可能なかぎり調べておきます。

三つ目は、登山中には要所要所で意識的に〝時間チェック〟をしましょう。登山地図のコースタイムをもとに予定した到達時刻と、今の時刻をちょっと比べてみるだけで、時間のギャップを知り、調整のきっかけが作れるではありませんか。

たとえば現在の休憩地Ａから見て山頂Ｂに着くのは、予定では11時だとしましょう。実際に歩いて山頂Ｂに着いたのが11時20分だとしたら、その20分の遅れを少しでも取り戻すために「次回の休憩はもうちょっと短めにとろう」などと考える。この繰り返しです。文字で書けば当然至極ですが、余裕をもって歩ける登山者は、こうして無意識に時間調整しながら遅れのリスクを防いでいるのではないでしょうか。

それでも遅れてしまったら

最後に、なんだかんだ言っても結局ワタシら遅れてしまったよという事態に備え、次の事後対策も心得ておきたいものです。

まず携帯電話がうまく通じる場所なら、関係者（予約を入れておいた山小屋、タクシー会社、家族、場合によっては会社同僚など）に素早く連絡しなければなりません。そのためにも携帯電話のバッテリーは、予備も含めてきちんと確保しておきましょう。

次に、たとえ日帰り山行でも、また標高の高さや季節に関係なく、山中で行き暮れてしまったときに備えて「ヘッドランプ」と「ツエルト」はザックに入れておきたいものです。ヘッドランプは、日が落ちて真っ暗になった登山道や林道を歩く際には心強いことこの上なしです。

ツエルトは非常用の簡易テントのことです。たかが布切れ一枚ですが、冷たい山の夜気や雨風から体を守ってくれるし、真っ暗な山中でも、そのこぢんまり感が不安な気持ちを和らげてくれます。20ℓ程度の小型ザックに入れても嵩や重さは気になりません。

なお、山から下りてくるまでに、食えるものはすべて食いつくして荷を軽くしないと気が済まない人がいます。せっかくヘッドランプやツエルトはあるのに、食うものがなくなって腹が減っては戦になりません。携行食と水は、街に出るまではもたせることも忘れずに。

[今回のまとめ]

・遅れの回避は〝余裕ある計画〟と〝時間チェック〟で

皮膚感覚でリスクを察知せよ！

“皮膚”は正直者なのデス

山はちょっとフシギなところです。暑ければトコトン暑い、寒ければトコトン寒いエクストリームな環境です。なにぶん平地に比べて少し空気が薄いので、暑さ寒さをもたらす気象くんも大手を振ってストレートに振る舞えるからなのでしょう。

ところで、このキビシイ気象を体の最前線で迎え撃つ私たちのお肌、なかなか偉いものだとは思いませんか。愚痴一つこぼさず、じっと過酷な環境に耐えているのです。ただしちょっと度を越すと、それが体への影響となって現われるからコワイ。寒すぎると顔や唇が青ざめて体の動きが鈍ってしまうし、カンカン照りの岩稜や、むっと草いきれのする草原などを歩き続けていると、へたって足が動かなくなってしまうことも。

中国漢方には「皮膚は内臓の鏡」ということわざがあります。さまざまな内臓に異常があると、その変化が皮膚に現われることを例えたものらしいのですが、逆もまたしかりでしょう。大やけどが命にかかわる事態になるのも、皮膚が内臓とつながっているからに違いありません。皮膚が異常な環境にさらされれば、内臓に影響が出ると考えてもおかしくはなさそうです。

ところで登山—皮膚—体から連想されるリスクとして、最も警戒しなくてはいけないのが、「熱中症」と「低体温症」でしょう。最近はニュースや天気予報などで当たり前のように見聞きするようになった熱中症、少し油断すれば簡単にかかってしまうリスクです。また低体温症といえば、冬山の凍傷と同類のようにも聞こえますが、悪条件がそろえば夏山でも起こるし、誰でもかかる可能性のある、あなどれない病です。以下では、これら二つのリスクを呼び込んでしまう要因と、うっかりかからないための対策について考えてみましょう（ここでは無積雪期を想定）。

熱中しすぎたらアカンのです！

暑いなか、帽子もかぶらず、水分もあまり補給せず、歩くことばかりに熱中しているとかかるのが「熱中症」です。しゃれではありません。体温調節しにくい服装で歩いたり、寝不足や疲れが解消しないまま歩き続けているときもかかります。

ある夏、40代の登山者が岐阜の白山を縦走していた。雲一つない快晴でとにかく暑かった。日差しをさえぎるものはなく気温もどんどん上昇し、全身汗だく。出発時に補給した6ℓの水は間もなく底をつく。そのうち暑さで出る汗ではなく、風邪をひいたときのような冷たい汗に変わった。それに気付いたときには、ふくらはぎがつり、次いで体のあちこちの筋肉が痙攣《けいれん》し始めたのです。数時間たっても治らないので携帯電話で救助を要請。あとで診断したら「熱中症」だったそうな。ふつう熱中症といえば、めまいや意識もうろう状態が考えられますが、この例のように、暑いのに寒気がしたり痙攣が起こったりするのです。

熱中症を避けるために私たちにできることは、「体温調節」「水分と塩分補給」「寝不足や疲労の解消」ぐらいでしょう。帽子の着用と風通しのよい服装を。暑いからといってＴシャツで肌を直射日光にさらすのは逆効果です。水は容量の大きい水筒やタンクにたっぷり確保する。水分やミネラルをこまめに補給。倦怠感や眠気を感じ始めたら、ただちに木陰や岩陰で休憩しましょう。炎天下のさなか、山小屋に立ち寄って缶ビールをグビグビやる「つわものさん」をたまに見かけます。のどの渇きを癒やしたい気持ちはわかりますが、利尿作用のあるアルコールでは、こまめな水分摂取の努力を台無しにしてしまいます。

山ではオールシーズンかかる、したたかな病

山で悪条件が重なれば、冬だろうと夏だろうと、いや春でも秋でも年中かかる可能性のあるのが「低体温症」。稜線や尾根上で、肌を露出したままだったり、雨や汗で体が濡れたまま、冷たい風雨

の中を歩き続けているとかかります。

筆者の経験ですが、汗をかくのを嫌ってTシャツや腕まくり姿で冷たい風を受けながら長時間歩いたりしていると、腕が冷たくむくんだように感覚がなくなることがあります。指先がピリピリしびれ、しゃべろうとすると口が回らなっている自分に気付くのです。また、風雨の中を歩いているときは、汗や熱を発散して気も張っているので意外と寒さを感じないものですが、ちょっと立ち止まって休憩すると、たちまちガクガクとノンストップの震えに襲われるのです。

スポーツ生理学の本いわく、「体温が36℃ぐらいだと寒気がしたり震えたりする。35℃では手の細かい動きができない、皮膚感覚が麻痺したようになる、歩行が遅れがちになる。35℃を下回ると、まっすぐ歩けない、もうろうとなるといった症状が出始め、こうなると自律神経のはたらきも失われてかなり危険な状態になる」のだそうです。

こんなことにならないようにするには、いかにすればよいか。基本は「防寒と防風」「濡れ（雨・汗）防止」の徹底。冷風や強風の吹く尾根や稜線上で長時間肌を露出しない。濡れたままの着衣は早めに着替える。行動食もこまめに取り、エネルギーや体温を保つ。気象の変化や寒暖の差の激しい季節の変わり目には特に注意。異変が現われたら直ちに雨風を避け、温かい飲み物を作って体を温めること（このようなときのためにもツエルトを携行しましょう）。

〝知識〟と〝意識〟で乗り切ろう

「熱中症」と「低体温症」。厄介な突発性のリスクではありますが、どちらかといえばこれらは登山者個人の知識不足で起こることも少なくないように思います。別な見方をすれば、山岳会や学校、職場の登山サークル・クラブなどのレクチャーに参加したり、定期的に山岳雑誌の病気対策特集などを読んで事前に正しい情報や知識を得ていれば、ほとんどの場合予防できるのでは、と思うわけです。もちろん、ただ頭に入れているだけでは、いざというときに気付かずに宝の持ち腐れになるかもしれないので、次のように〝知識〟と〝意識〟をうまく連携させる工夫をしたいものです。

たとえば熱中症を未然に防ぐボーダーラインはどのあたりかと考える。足がつったり筋肉が痙攣したりが起こってからでは遅すぎますね。すると「今日は炎天下を歩くことになるぞ！」とまず自覚する。そして帽子をかぶり、水分やミネラルやエネルギーをすぐに補給できるように、水筒やサプリを素早く取り出せるようにしておく。早い話が先手を打つということ。これしかありません。

一方、低体温症の場合はどうか。36℃ぐらいの症状はおそらく誰でもよく経験することでしょう。しかしそれを下回ったときに出てくる症状は、これはチト変だぞと自覚できるレベルではないかと。すると「自分は低体温症になりかかっているかも……」と意識できるボーダーラインがこのあたりだと実感できるのではないでしょうか。
山では体を張ってガンガン実践することが肝要。知識なんて二の次さ、と考えていませんか。手ごわい暑さ寒さを体の変化と知識で察知して、大事に至る前に対処する。これもまた登山における賢い実践力の一つだと思うのです。

[今回のまとめ]

・熱中症─体温調節、水分と塩分の補給、寝不足や疲労の解消
・低体温症─雨や汗、強風などで体が冷え過ぎないように注意

図表８：体温が測れない状況下での体温の推定

■低体温症の察知

前　兆 （36.5 ～ 35℃）	意識は正常。手の細かい複雑な動きができない。寒気、ふるえが始まる
軽　症 （35 ～ 33℃）	無関心状態（協力的に見えて協力的でない。まともそうに見えてまともでない）。すぐ眠る。歩行はよろめく。口ごもる話しぶり。ふるえは最大
中等症 （33 ～ 30℃）	33 ～ 32℃…会話がのろい。閉じこもる。意思不明。運動失調 31 ～ 30℃…錯乱状態。支離滅裂。無反応。ふるえ停止。歩行停止
重　傷 （30℃以下）	30 ～ 28℃…半昏睡状態。瞳孔散大。心拍・脈拍微弱。呼吸数は半分以下 28 ～ 25℃…昏睡状態。心室細動 25℃以下　…仮死状態。腱反射消失 20℃以下　…脳波消失。心停止

（日本山岳救助機構合同会社「山の安全講座：救急法」のウェブサイトより）

道迷いを防ぐ超ズボラテクニック

ウラをかくのがいつもの手

「道迷い問題は永遠のテーマである」。なんて気取ったことを言っていられないのが今日の現状です。けっこう身近なところで道迷いさんを見かけるのです。先日ある山の頂で休憩していたら、単独行の女性ハイカーがやってきて、しばらく地図を見ていました。そして3方向に分かれる登山道の一つ、筆者が登ってきたルートを何のためらいもなくスタスタ下りていこうとしたのです。これはまずいぞと思い、あいさつついでに「そのコースはかなり荒れてますから気をつけてね」と注意してあげました。すると案の定「えっ?」という顔で再び地図を取り出し、正しいコースはどちらかと私に尋ねたのでした。

オヤと思ったら、とりあえず登山地図と相談してみる。これが道迷い防止の基本であり鉄則です。ところが彼女のように、登山地図を見ていたのに下り口を間違えてしまう、といったことが起こる。このケースを推し量れば、もっともらしい理由はいろいろ見つかるでしょう。地図の見方がお粗末だったのでは? 下り口をよく確かめなかったのでは? などなど。しかし、いずれも後付けの理由にすぎません。

道迷いにはさまざまなパターンがありますが、たとえそれらをすべて暗記したとしても予測や予防にはあまり役立ちそうにありません。なにしろ、思いもよらないことが思いもよらない順序で、いわばウラをかかれる形で起こるからです。したがって、私たちにできることは、起こることを織り込み済みとして「そのときどきに立ち現われる状況に合わせて注意する」しかありません。すると「そのときどきに……合わせて注意する」とはどんなこと？となるわけですが、それこそが今回のテーマ。一つは「数歩進んでパッの原則」を実践すること、もう一つは「山道の顔」を覚えることです。

「数歩進んでパッの原則」

まずは、山慣れた人なら誰でも当たり前のように実行している習慣について。歩くという行為を街中でのそれに置き換えてみましょう。私たちが目的地に向かうとき、地図が手元にあれば何かの目標物や地形などをチェックしながら、以前通ったことのある道ならそのときの記憶を頼りにしながら進みます。いずれにしても、このとき私たちが行なっているのは「地図や記憶にある特徴的な目印と、目の前の風景とを照らし合わせながら歩を進めている」ことです。

もちろんこのとき、ずっとその目印を意識し、目が釘付けになっているわけではありません。人の顔や服装をチラ見する。ショーウィンドーに目をやる。下を向きながら、ぼーっとしながら歩いていく。少し行ったところで、思い出したように目印を確認する。ああ、例の曲がり角まであと50メートルだな、という具合。これを反復しているわけです。

山道を歩くときもこれと同じです。つまり、少し歩いては前方をパッと見て、登山道の様子や特徴を写真のワンカットのようにつかみ取る（＝確認する）わけです。また少し歩いてはパッと確認する。何を確認しているのかというと、道はどちらへ向かっているか、急か平坦か、前方から人や獣はやってこないか、地図に載っている分岐はまだか、危険な箇所はないか、などなどです。いやはや、文字にするとかなりややこしいことをやっているように見えますが、これが人間の認知能力のすごいところ。私たちはほんの一瞬かつほとんど無意識に、飽くことなくこれを反復しているのです。これぞ名付けて「数歩進んでパッの原則」。絶えず前方の様子を把握しながら進むので、外してはいけない目標物やルートの見落とし、見過ごしが減るのであります。

山道の〝顔〟を覚えよう

次に「正しい山道の〝顔〟とそうでない〝顔〟の見分け方」について。私たちは何度か山に登っているうちに、正規の登山道から外れたとき、なんとなく「おかしいぞ」という直感が働くようになります。この直感、人の顔を見分ける能力と似ているとは思いませんか。目鼻立ちや髪型のよく似た人がたとえ千人、万人いる中でも、本当に自分が知っている人の顔は即座に特定できてしまう。

この直感を働かせるには二つの山道の〝顔〟を区別できることが必要です。なだらかだとか険しいとか、アップダウンが多いといったことではなく、次のようなちょっと微妙な顔つきのことです。一つは「なじみのある顔」。これは道標が整備され、急なところには鎖やロープが掛けられ、わりと歩きやすいいつもの登山道のことです。これ以上の説明は必要ないでしょう。もう一つは「よそよそしい顔」。足を踏み出すと登山靴がズブズブと落ち葉や黒土の中にめり込むような道、あまり踏み固められた様子がない道など。かつては一般登山道でも、人跡が途絶えるとこうなります。また、かなりの急斜面なのに鎖もロープもなし、一歩踏み出せば風化した岩がボロボロ崩れ落ちる、なんだかいやな予感のする道。こんな道も引き返したほうがよさそうです。

さて、これら二つの顔の〝違い〟どうやって覚えればよいのでしょうか。実は「山道をよく見て歩く」だけなんです。経験を通じて体で覚えるといってもよいでしょう。単独行の人は黙っていてもこれを実行しているでしょうが、二人以上のパーティ登山の場合はちょっとご注意を。前を歩く人の足の運びをなぞるだけ、おしゃべりしながら歩くだけ、といったことがあるからです。その分「よく見て歩く」機会が減ってしまうのです。

「戻る」と心に決めたら〝口〟に出す

数歩進んでパッを繰り返しつつ、山道の顔をそれとなく確かめながら進む。これだけでも道迷いのリスクはなんとか避けられそうな気がしますが、万全ではありません。歩いているうちに、もしかすると自分（たち）は予定外のルートに入ってしまったのではないか……と思い始める。すると、そこから先、もやもやとした判断の迷いや葛藤が始まるのです。このもやもやモード、どこかでビシッと断ち切らなくてはなりません。その決心のタイミングはどこにあるのか。

話はだいぶスッ飛びますけれども、飛行機が離陸するときは「離陸決心速度（V１）」というのを確認するそうです。この速度に達したら何が起きても離陸中止はできず、パイロットは操縦桿を引いて上昇するしかありません。中止したら速度超過で滑走路をオーバーランしてしまうからです。

道迷いでもこれは同じです。山道が次第に〝よそよそしい顔〟になり始める。進むべきか戻るべきか、危うい気持ちになってきたぞと思ったら、決然と道迷いのV１、つまり「戻る意志」を固めなければなりません。飛行機は安全のために離陸を決行しますが、道迷いでは安全のために退却を決行するしかないのです。

戻ると決めたら、「よし、戻るぞ！」と声に出して宣言することも大切。単独行でもパーティ登山でも同じ。言葉とは不思議なもので、ある思いを心に抱いただけでは目の前の圧倒的な現実にかき消されてしまい、なかなか行動に結びつかないものです。「よし、戻るぞ！」と口に出せば、決心が揺るぎないものとなり、その行動が本物になるわけです。ちなみに飛行機の場合も、離陸決心速度に達すると、自動音声やクルー本人の声で「Ｖ１！」と宣言するそうです。

［今回のまとめ］

・「数歩進んでパッの原則」と「山道の顔」を忘れずに
・撤退の決意は〝口頭〟で宣言しよう

困ったときのプライオリティ

やるべきことの後先は見えていますか？

「火事場の馬鹿力」という慣用句があります。火事になったとき、おばあさんが重いタンスを背負って逃げ出した。人は追いつめられると、時として信じられないようなパワーを発揮するものだという話ですが、ここから別の意味を汲み取ることもできます。

差し迫った事態に直面したとき、真っ先に守るべきもの、迷うことなくとるべき行動は何か、おばあさんにはそれがわかっていた。つまり「プライオリティ（優先順位）」を知っていた、ということになるでしょう。おおよそ危機やリスクに対処するには、何事もプライオリティを意識せずには済ませられません。登山においても同じです。

のんびり楽しく登山をしている最中に、突然「ええっ！」「ウソでしょう？」みたいなことが起こる。そんなとき、先にやるべきこと、後回しでよいことの順番を意識しないとどうなるか。判断や行動に一貫性がなく、ハチャメチャかつ行き当たりばったりになります。道理よりも感情に支配されます。時間や労力のムダも生じるでしょう。下手をすると命の危険にさらされたり、手遅れになる可能性も出てきます。

カタカナで〝プライオリティ〟などと書くと、少し難しそうに見えますが、仕事でもプライベートでも、誰もが日常的に実践していることなんです。やるべきことの筋道がはっきりと見えてくるし、厄介な問題も解決しやすくなる。これを登山にも延長し、何か困った事態が起こったら、ちょっと試してみるわけです。

ともあれ前置きはこのくらいにして、山でのリスクを避けるためにプライオリティを意識することの大切さとコツを、もう少し具体的に考えてみましょう。

山のリスクとプライオリティ

登山はあらかじめ組み立てた計画に沿って登って下りてくるだけ。プライオリティなんて必要ないのでは？　こんなふうに思っている人も少なくありません。確かに登山中の行動は機械的なところがあって、計画に従って歩いているかぎり何も考える必要はなく、気持ち的にもラクではありません。しかし何か予想外の事態に直面すれば、まったく意中になかった判断と行動を迫られることになる。天候の急変、転倒・滑落によるケガ、道迷い、病気……などなど。枚挙にいとまがありません。

稜線を歩いているときに、突然、雷雨に見舞われたとしましょう。このとき誰もが真っ先に行なうのは、ザックから素早く雨具を取り出して身に着けること。ところがこの後が問題。勇敢にもそのまま雷雨の中をスタコラ歩き続ける人がいるのです。本人としては「さあ大変、早く目的地に急がなければ！」ということなのでしょう。

言うまでもありませんが、雷雨の怖さは雨・風よりも、ロシアンルーレットのように突然自分めがけてズドンと来るかもしれない「落雷」にあります。自分の命を守るためにはどう行動するのが先か。それを考えれば、雷雨の中を急ごうとするのはかなりリスキーなことではないでしょうか。

こんなときは、営業小屋や避難小屋がすぐ近くにあるなら身を低くして足早にそこへ駆け込むこともできますが、岩場などで身動きがとれないなら「岩やハイマツのすき間に潜り込む」、隠れる場所がなければ「少しでも低い場所（窪地）を見つけてしゃがみ、低い姿勢をとる」などが、次にやるべきこととして考えられるでしょう。

パーティの足並みの乱れをどうする？

先の例では自分の身を守ろうとしたら、とっさの判断で一つか二つ行動を起こせば事足りるものでした。プライオリティが万事このようにシンプルなものならラクでありましょうけど、もっとややこしい問題を解決するために、複数の行動オプションから取捨選択したり、順位付けをしなければならないこともあります。

たとえば、あるパーティが山を歩いていて、その中の一人が体調を崩してブレーキになってしまった。ほかのメンバーたちは、遅れた人のことを気遣いながらも早く目的地に着きたいために、少し苛立ちはじめている。全体的にまとまりを欠いて足並みも乱れがち。こんな状況が続いていてはみんなの志気が下がるし、てんでバラバラに行動されたらたまらんなあ……。リーダーの心配は尽きません。そこで、まずは心配の種をそのまま一つの大きな問題として抱え込まずに、次のようにいくつかの小さな問題に分けてみるのです。

A：体調を崩した者をサポートすること
B：メンバーのイライラ感を軽減すること
C：パーティの足並みの乱れを防ぐこと

これらが見えてくれば、次はプライオリティのお出ましです。道理からいえばAのウエイトが高いのは間違いないのですが、次のように考えることもできます。目的地までの時間や距離を勘案して、わりと近くて天候も穏やかならば、先を急ぎたいメンバーを先頭に立たせる（勝手に遠くへ行かないように釘を刺すのをお忘れなく)。そしてリーダーともう一人ぐらいで、体調の悪い人に付き添いながら最後尾を歩く。つまりB→Aを実行することで、ある程度はCも改善される。このあたりはリーダーシップの問題とも絡んできますが、状況や条件次第でプライオリティのとり方はいろいろありそうです。

どちらを優先するか判断に迷う時は……

ところで、時には目下の状況を適切に判断して行動のウエイトを割り振ったり、順序付けするのに迷うこともあります。このような場合は、判断のつきかねているそれぞれの事柄について、「このままの状況が続いたら、この先どうなる?」と自問してみることをおすすめします。たとえば道迷い。どこへ向かっているのかわからない、どのコースを歩いているのかも判然としない。このまま進んでよいものか、戻るべきか。このとき「このまま先へ進んで正しい登山道に行き当たる保証はあるか?→まったくない」と悟れば、戻ることを選択するしかありません。

ついでに先ほどの雷雨のシナリオを次のように広げてみましょう。岩の間に避難してホッとしたのもつかの間、登山者君には次のような不安がこみ上げてくる。「この雷雨、いつになったらやむんだろう。山小屋までは1時間ほど。あと2時間もすれば日も暮れるだろう。どうしようか……」。

このとき気持ちを落ち着けて「このまま時間が過ぎていくとどうなる？」と自問する。すると「ここにいつまでもじっとしていたら日が暮れて、野宿を余儀なくされるだけだ」と思うでしょう。またその一方で「雷雨はそう長くは続かない。せいぜいあと1時間ほどだろう」との見通しも見えてきます。そして最終的に「雷の音が遠ざかったら、頃合いを見て、雨がやんでいなくても出発しよう。そうすれば日暮れまでには山小屋に到着できるにちがいない」という判断ができるでしょう。

このように、現状の先にある〝結果〟やその影響を時間軸に沿って推し量ることで、優先すべき行動が見えやすくなるのです。リスクマネジメントでは、「インパクト分析（影響分析）」などというちょっと大げさな名前が付けられています。これもまたプライオリティを決めるための予備的な手段の一つとして、試してみる価値はあるのではないでしょうか。

［今回のまとめ］

・プライオリティを意識すれば、やるべきことの順序が見えてくる

"折れない心"で危機を克服しよう

折れて困るのはトレッキングポールだけではありません

登山はアグレッシブなスポーツであり、非日常空間をエンジョイする手段であり、一八〇度リフレッシュできる究極のアクティビティである。このようにお考えの方も少なくないでしょう。しかし現実は甘くはなさそうです。

休日の朝、食料と装備をザックにつめ、登山靴の紐をキュッとしばり、カラフルでスタイリッシュな登山ウェアに身を包んで玄関を出る。ところが……頭の中では夕べ残業でやり残した仕事のことが気になってしかたがない。上司からのキツイ一言や部下の軽蔑的なまなざしが時折フラッシュバックする。山に入れば入ったで、ハアッハアッと吐く息に不健康なため息も混じっているような気分。心なしかザックの重みで自分の体が一回り小さくなったようにさえ感じる……。

いやはや、前途は多難です。日頃のストレスも仕事のつらさも、山に登って思いっきり汗をかけば気分もすっきり、月曜日からまたがんばろうという気になるに違いない。多くの人はそのように期待して登るわけですが、そう簡単に解消できるとは限らないのです。

このような、いわば〝折れやすくなった心〟を引きずったまま山に入るのは、けっして好ましいことではありませんね。山では適度に意識を集中し続けないと、プチ・アクシデントのオンパレードなってしまうでしょう。ぼんやり分岐の見過ごし、転倒、ズッコケ、置き忘れ、その他もろもろ。場合によっては命に関わる重大事ってこともあるかもしれない。このゆゆしきリスク、何か解決策はないものでしょうか。あるのですよ、実は。それが「レジリエンス」という心のはたらきです。

〝レジリエンス〟って何だ?

「レジリエンス」とは、いろいろな分野で、いろいろな目的で研究されている「回復する力」のことです。なかでも心理学は1970年代から逆境を乗り越える力をもつ人々を長年調査してきた経緯があり、今日ではその特長や獲得方法なども発表されています。戦争や災害のトラウマ、大病を乗り越えた人々、山や海で遭難し、生還したサバイバル体験者、あるいは極度のスランプから脱して見事に復活を果たしたアスリートたち。こうした人々には、例えば次のような共通した特徴が見られます。

一つはポジティブであること。どんな絶望的な状況にあってもそれをジョークで蹴散らしたり、はた目にはやってもムダだろうと思えるような小さなことでも、淡々と行動に移して自分を見失わないようにします。やらないよりはマシでしょう？の姿勢です。

次は、自分の運命は自分で選択するものだという意識をもっていること。彼ら彼女らは、現状や未来を自分の意志と行動力で変えられると考えます。たとえ途中でつまずいても、自分を貶めたり人のせいにしたりはしません。気持ちを切り替え、現実を見据えて目標に向かって着々と歩みます。

ほかにもいくつか特徴はありますが、より深くレジリエンスのことを知りたい方はたくさん本が出ているのでご一読を。何はともあれ、こうした意識や姿勢をもつ人々が実在していること自体、私たちにとっては大きな励みになりますね。さて、次に知りたくなるのが2つの疑問でしょう。一つは「レジリエンスを伸ばすにはどうするか」。もう一つは「登山ではレジリエンスをどう生かせるのか」ということです。

レジリエンスは3つの習慣で獲得できる

まず、レジリエンスを獲得する、あるいは伸ばすにはどうすればよいのでしょうか。心理学の本では各種各様の方法が述べられていますが、その多くに共通するものとして次の3つがあります。

［レッスン1］　感情をコントロールする

イライラや一喜一憂は集中力を乱し、エネルギーを余計に消耗させます。これらを少しずつ減らす工夫をしましょう。方法はいくつか考えられます。例えば「深呼吸」。「一杯の水を飲む」でもいい。あるサバイバル研究家は、「交通渋滞にはまったときイライラしている自分に気付くだけでも、感情の起伏を抑える訓練になる」と述べています。

［レッスン2］　ポジティブになる

ポジティブ（ノー天気とは違います）な姿勢を育てる工夫の一つとして言葉の言い換えがあります。否定的な思いや感情がよぎったら、それを意識的に肯定的な言い回しに置き変えてみるわけです。例えば「こんなことやってられないよ」→「まあこれも修業の一環だよな」のように。まずはこれがポイントです。ネガティブな思い・感情に駆り立てるクセや習慣も改めましょう。

［レッスン3］　自己効力感を育てる

自己効力感とは〝やればできる〟という感情のこと。逆境に苦しむということは「逃げ場」を失うことです。そこから抜け出すためには、何か自分を後押しできるようなきっかけを作るとよいのです。どんな小さなことでもよいから自分の過去の成功体験を掘り起こしてみるのもその一つ。必要以上に背伸びしない、白黒をつけないと気がすまないといった習慣も改めるとよいでしょう。

山で困難に遭ったときの生かし方は?

さて、最後はこれを山でどう生かすか、についてです。レジリエンスが基本的に折れやすい心を立ち直らせてくれることは先に見たとおりですが、ほかに、これを生かせる山ならではの典型的なシチュエーションがあるでしょう(と言ってもレジリエンスが登山に役立つことが証明されているわけではないので、以下に述べるのはあくまで筆者個人の考えです)。

例えば山中で道に迷った場合。どこかで分岐を見過ごしてしまった! どこの登山道を歩いているのかわからなくなった!と気付いたら、まずは落ち着く。次は意識をポジティブに。たとえ現在地がはっきりしなくても「どうしたらいいんだ」「天はわれを見放した」とは考えない。「こうなりゃ来た道を戻るしかないっしょ!」でいきましょう。最後は自分の決めたことを信じて「間もなく正規の登山道に戻れる。大丈夫!」という意識で、焦らずゆっくりと歩を進める……といった感じでしょうか。

次に岩場の縦走路で悪天候に遭遇した場合。心の動揺を抑えることは前と同じ。落ち着くことができれば次のアクションに移るのも容易です。間違っても「一刻も早く目的地に急がなければ」

「雷に撃たれたら」「低体温症にかかったら」などと考えて慌て始めてはいけない。「まるでディザスター映画なみの演出だね。隠れるところは？　あったあった！」とすばやく身の安全をはかれる場所を探すことができるでしょう。

レジリエンスの3つの要素――感情のコントロール、ポジティブな姿勢、自己効力感。最初はちょっと意識的でギコチなく思えても、やがては自分の自然な言葉づかいや心のもち方にそれは現れることでしょう。登山の場合、絶好調！とはいかないまでも、そこそこ下界の瑣事やストレスを引きずらずに山を楽しめ、万一の時も落ち着いて行動できるようになるに違いありません。

［今回のまとめ］

・折れない心＝レジリエンス
・感情のコントロール・ポジティブ・自己効力感

シニアからのリスクマネジメント的意識改革

現役続行は元気のシルシ。しかし……

スポーツ庁の「体力・運動能力調査の結果について」と題するレポートによると、65〜69歳女性、75〜79歳の男女で過去最高の成績を記録したとのこと（平成27年度）。ホント、今のシニア・シルバー世代は元気です。筆者などは少しでもトレーニングを怠ったまま山へ行くと、たいていハアハアゼーゼーの苦しい登山になります。ところがそんな筆者を尻目に少しも呼吸を乱すことなく、風を切るように追い越していくのが、けっこう年齢の高いお方たちなのです。

「急速な高齢化が進む日本」といった言葉は、未来への一抹の不安を感じさせますが、こうして元気な人たちを見ていると「日本の未来はワタシらに任せなさい！」という意気込みすら感じます。しかし登山の現実は甘くはありません。中高年には中高年特有の宿命的なリスクがつきまとっていて、それが登山する彼ら彼女らの足を引っ張りかねないこともある。例えば次のようなことです。

一つは「健康リスク」。加齢にともなう慢性的な体調不良や病を抱えている人も少なくありません。次は「体力の低下」。どんなに若いもんにゃ負けんと気負っていても、気付かないうちに骨や筋力が衰えて、足が上がらず、つま先を木の根や岩角につっかけて転倒したりするのです。最後は「認知機能の低下」。なかなか自覚しにくいリスクではあります。頑固さや思い込み、記憶違いなども、ある意味これに含まれるでしょうか。シニア・シルバー世代は多かれ少なかれこうしたリスクを背負って山に登っているわけで、だれもが無縁ではいられない切実な問題なのです。ネットにあふれているお手軽解決策を試してみたところで、そう簡単にこの種のリスクを減らせるわけじゃない。ならばこれを「リスクマネジメント的意識改革」で乗り越えようではないか、というのが今回のテーマなのです。

“大きなお世話”の先にあるリスクマネジメント

さて、その「リスクマネジメント的意識改革」とは何なのか。リスク学では、リスクをどのように処置するかで方法が4つに分かれます。リスクの「移転」「保有」「低減」「回避」がそれです。登山に当てはめて少し詳しく説明しましょう。

「リスクの移転」とは、リスクを保険などでカバーしましょうということ。「リスクの保有」は、たいしたリスクじゃないから放っておこうというもの。「リスクの低減」は、行動が阻害されたり命に関わるリスクに備えてきっちり対策を講じることを言います。万一の際の装備や予備の食料を用意したり、エスケープルートやバックアッププランをもつことなどを指します。そして「リスクの回避」。これは登山のリスクそのものを遠ざけて安全を確実にすることです。早い話が、山は危険だから登らない、行かないということ。そして、これから述べようとしているのは、まさにこの「リスクの回避」のための意識転換ということなのです。

しかしこれだと、「そんなの大きなお世話だ。現役バリバリで山を楽しんでおるわしらには無用の話！」と反発する人もいるでしょう。もちろんみなさん一人ひとり、山に登る動機も目的も異なります。体力気力ともにまだ充分だから死ぬまで登山を続けるぞ、汗を流し歯を食いしばって登ることに生きがいを感じる、楽しい思い出や懐かしい思い出をもっとたくさん作っておきたい……などなど。そこで、誰にも訪れる健康・体力・認知機能上のリスクはさておき、どのような思惑や姿勢で山に登っている人たちがリスク回避のために意識改革するのが望ましいのか、その目安を述べましょう。

そこのお人、それでもリスクを受け入れますか？

まず思い当たるのは、「登山の知識や技能を自分で覚えるなんてめんどうくさい。毎日散歩してるから足腰には自信ある。登山用具のことはショップの店員さんから教わるから問題なし」という姿勢の人。あるいは「ワシは単独行が好き。登山教室や登山クラブに参加するなんてまっぴらごめんだ。呑み込みが悪くてうまく覚えられなかったり、先生やリーダーから怒鳴られたりして、いい歳して恥をかきたくない。これは自分の趣味なのだから、ほかからどうこう言われる筋合いはない」と考える人。

次にもっと個性に根差したこと。典型的なのが自信過剰もしくは頑固なお方。半世紀以上も人生を歩んできた証として、自分の考え方や生き方が年輪の芯のように固くパターン化してしまっている。若いころから岩登りや沢歩き、冬山をガンガンやってきた。一度も危険な目には遭わなかった。文句あっか？　他人が忠告しても、そんなことあるわけないと蹴散らしてしまう。そんな人。

最後に、観光やレジャーの延長として山登りをしている人。「山歩きは旅行と同じ。みんなでわいわい楽しく登らなくちゃ意味ないでしょ。だから星空を堪能しながら山小屋特製のワインを傾ける、なあなあ親睦登山ツアーに参加したのよ。イケメンのガイドさんが二人も同行してくれてホント安心だわ」みたいな人。お金と引き換えに第三者の手で提供された商品もしくはサービスを手にすることが、安全・安心・確かさを享受することと勘違いしている人です。

すべてとは申しませんが、このような傾向をもつ方々は、山が趣味だからといっていつまでも登山を続けているのは、ちょっと危なっかしいと思うのです。

ピークをめざすだけがあなたの人生じゃない！

そこで〝意識改革〟に話は戻ります。早い話が、狭いエリアであくせく高みをめざすだけの登山から、より広いエリアを気ままに歩く旅に切り替えましょうということです。

例えば「トレイル歩き」。低山や高原、平原などを中心によく踏まれたルートを旅するものです。トレイルと言えば今やロングトレイルが主流ですが、個人で歩く分にはセミロングでもショートでもかまいません。型にはまったコースを歩くのもよいですが、これを〝手作り〟するのもまた楽しいものです。例えば奈良盆地の周辺や和歌山、三重などは「古道」のメッカですから、いろいろな組み合わせができるでしょう。筆者は以前千日回峰行に興味をもち、京都の比叡山周辺の無動寺や根本中堂などを巡るトレースを2日かけて歩いたことがあります。白装束の阿闍梨《あじゃり》に出会えそうな(?)、渋くてユニークな旅でした。

また、より身近な「フットパス」という手もあります。森林や田園地帯、古い街並みなどの風景を楽しみながら歩けるように整備された小径のことです。歴史見聞や野鳥観察、スケッチなど、自分の好きなテーマや目的を中心に据えると充実するでしょう。最近はあちこちで整備が進んでいるようです。みなさんの街の近くにもあるかもしれません。

登山をずっと繰り返していると、やがて「いやはや、もうこのくらいが限度かな」と思う時期がやってくるでしょう。その時いきなり登山から足を洗ったのでは、自分に対しても山に対しても後ろめたい気持ちと、これから何をしたらよいのかという戸惑いが残ってしまいます。そんなときにソフトランディングとしてトレイル歩きやフットパスが控えていたら、きっと新しい期待と希望を持って次の一歩を踏み出せるに違いありません。

［今回のまとめ］

- 意識を変えればリスクも減らせる
- 次はトレイルとフットパスが待っている

図表9：各地の主要なロングトレイルとフットパス

全国のロングトレイル
北根室ランチウェイ
十勝ロングトレイル
奥津軽トレイル
信越トレイル
浅間ロングトレイル
浅間・八ヶ岳パノラマトレイル
八ヶ岳山麓スーパートレイル
塩の道トレイル
霧が峰・美ヶ原中央分水嶺トレイル
金沢トレイル
高島トレイル
山陰海岸ジオパークトレイル
広島湾岸トレイル
国東半島峯道ロングトレイル

現在整備中・計画中トレイル（2017年4月現在）
南房総ロングトレイル
南アルプスフロントトレイル
美ヶ原高原ロングトレイル
白山白川郷トレイル

詳細は日本ロングトレイル協会のウェブサイト（http://longtrail.jp/）を参照

日本各地のフットパス会員組織
● 北海道黒松内町
● エコ・ネットワーク（北海道）
● 山形県長井市
● 最上川リバーツーリズムネットワーク（山形県）
● 茨城県行方市
● みどりのゆび（東京都町田市）
● 勝沼フットパスの会（山梨県甲州市）
● 愛岐トンネル群保存再生委員会（愛知県）
● 鹿野往来交流館「童里夢」（鳥取県鹿野町）
● 里山ねっと・あやべ（京都府）
● やまなしフットパスリンク
● 美里フットパス協会

日本フットパス協会（http://www.japan-footpath.jp/）のウェブサイトからは、各地域会員のページや活動スケジュールなどにアクセスできる

できる山ヤはコレでリスクを潰す！

喉元過ぎれば何とやらにしないために

私たちの記憶というのは、時の経過とともに都合のいいように編集されるものです。「いやあ、台風直撃の裏銀座、あのときはよくぞ歩き通したもんだなあ！」などと武勇伝を披露するあなた、一歩間違えばニュースネタになっていたかもよ。命に関わる出来事だったものが、いつの間にかスリリングな冒険談になってしまう。まあ、その大胆さが山男や山ガールの勲章でもあるのですが、危険に直面するたびにインディ・ジョーンズ気分に浸っていては、命がいくつあっても足らんでしょう。そこで老婆心からお話ししたいのが「山での危機体験を次にどう生かすか？」というテーマなのです。

危機体験ねえ、とあなたは困惑するかもしれません。そんな出来事に遭遇したことはないもの。あまりワタシには関係なさそうだよと。しかしこれは、たとえ過去ン十年間、平穏無事で登山を続けてこられた人にとっても無縁ではないテーマなのです。なぜって、これまで何事もなかったから明日以降も何事もなく山に登れると、誰が言い切れましょうか？

山でアブナイ目に遭ったことのない人は、さしあたって〝知識〟としてのリスクを学ぶという手もあるでしょう。山の雑誌や専門書を読む、登山ガイドに教えを請うなどなど。しかし、なにぶん私たちは経験する動物です。経験していないリスクは実感としてイメージしにくいし、対処方法を教わってもピンと来ない。そこで、話は元に戻っちゃうのですが、リスクを実感する身近で現実的な方法は何かといえば、どんなささいな出来事でもよい、自分の過去の経験から学ぶことなんです。

ここでは、それを次の二つのアプローチでご紹介したいと思います。

登山メモにリスクの足跡を残す

普段は筆不精の人でも、山に出かけたら、思い出を整理するために写真と一緒に簡単なキャプション（説明文）ぐらいは付けておくでしょう。こうしたささやかな習慣をもっている人は、もう一歩進めて次のことを実行してみてください。それは「登山メモ」をつけてみること。何かちょっとしたリスキーな体験をしたら、忘れないうちに書き留めておくのがコツです。人によって書き方もいろいろです。断片的なメモ書きでもかまわないのですが、あとで読み返したときに意味がチンプンカンプンでは困りますね。そこで次のように、「状況」や「結果」だけでなく、「原因」と考えられることがある程度わかるような書き方がよろしいのではないかと。

×「雪渓、あわや滑落！」
○「雪渓、あわや滑落、水飲み歩き、ＮＧ！」

前者には危機体験の「状況」と「結果」しか書かれていません。あとで読み返したとき、〝たまたまの出来事〟、単に運が悪かったのだという印象しか伝わってきません。一方、後者を読み返したあなたの脳裏には、水筒を口にしながら雪渓を歩いていて、危うく斜面を滑落しそうになった記憶がリアルによみがえるのではないでしょうか。

ついでにいえば、登山メモは日記帳のように改まった書き方をする必要はありません。安価で薄手、小サイズのフィールドノートのようなものに、ちょっと気付いたことをサクサク書き留めればよいのです。もちろん、こうしたメモはキケンな体験だけを書くものでもありません。楽しいこと、インパクトのあった出来事、思わぬ人との出会い、風景や動植物のスケッチなど、なんでも書きまくりましょう。

PDCAでリスクを潰そう！

もう一つのアプローチは〝PDCA〟です。まずは登山を「計画」し、次にこれを「実行」し、結果を「反省・点検」し、最後に「改善」につなげる段階的、継続的な仕組みです。職場の業務効率向上や改善に使われる方法ですが、これを登山のリスクマネジメントにも応用しようというのです。もっとも、ぴーでーしーえーなどと業界用語で呼ばなくても、すでに多くの山岳会や登山サークルでは、反省会やレクチャーなどを通じてこれと同じことを行なっていることでしょう。でも個人のみなさまにはなじみが薄いと思うので、念には念を入れて少し詳しく書かせていただきます。

●計画（Ｐｌａｎ）——日常の体力作りのプラン、登山装備リスト、登山計画などを作るステップです。過去の失敗や危機体験を意識して作ります。

●実行（Ｄｏ）——納得のいく計画ができ、準備が整ったら、心躍らせて山へ出かけましょう。登山中は、ちょっと気になったこと、ヒヤッとしたことを体験したら、すかさずフィールドノートに「メモ」しておきましょう。

●反省・点検（Ｃｈｅｃｋ）——山から下山したら、「登山メモ」を手元に反省会です。単独行の人ならコーヒーでも飲みながら、パーティならみんなで一杯やりながら。山での危機体験は武勇伝ではなく、きっちりリスクとして認識しましょう。ただし話がシリアスすぎてお酒がまずくならない程度に……。

●改善（Ａｃｔ）――登山中の失敗やミス、もしくは危機的な体験があれば、それらを繰り返さないための注意点や対策を考えます。ここで新たに案出したリスクを避けるためのアイデアは、再び次の「計画」から始まるサイクルに反映されるわけです。

メモした危機体験は次にどう生かされる？

以上の登山メモとＰＤＣＡ、具体的にはどのような流れになるのでしょうか。たとえば、登山メモに「雨、着替えビショ濡れ。濡れたまま寝る。寒くて不快」と書いてあったとします（実行）。まったく対策を講じなければ、今後もこれと同じことが起こる可能性がありますから、何か一工夫しなければなりません（反省・点検）。あなたは速乾性のインナーウェアや予備の着替えの入念な防水対策、濡れたものを早く乾かすための新聞紙、山小屋の乾燥室の有無などをいろいろ調べ、知恵をしぼるでしょう（改善）。一とおり現実的な対策が決まれば、これを次回の登山プラン（計画）に盛り込みます（これでＰＤＣＡは一巡します）。

繰り返しますが、登山メモを記入するにしても、反省と改善のサイクルに持ち込むにしても、その対象となるリスクは、身の危険を感じるほどの大きな出来事である必要は少しもありません。次の例のように、どんな小さなことでもちょっと気になったなら、とりあえず実行してみましょう。

あなたは休憩時に山ガール一行と話が弾んで、いつになく気持ちが浮き立っていた。ほんわか気分で下山を始めたら、途中で足首をひねって痛めてしまった。もうちっと気持ちを引き締めていれば捻挫などしなかったのに……と思うなら、即実行です。計画（浮かれずクールに行こう！）→実行（登山）→反省（沈着冷静。無事に下山できた）→改善（特になし。次回もこの調子で！）といった感じで。

こうした小さな出来事をすっかり忘れたまま山に向かうのと、これを思い出し、再発防止策を講じて山に向かうのとでは、意識や行動面で慎重さに違いが出ることは言うまでもありません。危機体験とその回避方法が自分のものになり、グループならお互いに共有されることで、次の山行に生かされるのです。それでは、お気をつけて行ってらっしゃい！

［今回のまとめ］

・登山メモとＰＤＣＡで山のリスク対策はバッチリ

おわりに

筆者がこの原稿を書こうと思い立ったきっかけは「インターネット」にあります。ネットのどんな情報がきっかけだったのかではなく、ネットの存在そのもの、そしてこれをスマートに使いこなしていると信じて疑わない私たちの習慣になんとなく危ういものを感じたからでした。ネットが社会に浸透してから、私たちのモノの見方や考え方が、だんだん近視眼的になってきているように思うのです。みなさんは、自分を広い目で世の中を眺められる健全かつバランスのとれた人間であると認めることができるでしょうか？

パソコン、スマホを問わず、ネットに関わる時間が劇的に増えてしまった今日、あたかもパーティションで仕切った小部屋で自分一人の思考と満足世界にこもるような空気が、至る所に蔓延しているように思います。このことは登山も例外ではありません。

登山計画を組み立てるのも、登山装備を選定するのも、つまり山に関わる情報の多くはインターネットから入手しているでしょう。タダで手軽に情報を収集できるあまり、無意識のうちに自分の見たい情報、信じたい情報だけを取り込んでしまう。ネットの情報にはその良し悪しを個人で判定する術はありません。知らない間に誤った情報を手にして山に行ったり、とても危険なルートなのに、すべてうまくいくようなストーリーを勝手に頭の中でこしらえてしまったりするのです。そうした意味で、ネットを通じて寄り集まったパーティや、登山情報交換サイトの過度に熱心なユーザーさんたちの登山には、ある種の危うさがつきまといます。

世の中には〝リスクマネジメント〟という言葉に拒否反応を示す人も少なくありません。理由は人それぞれだと思いますが、その根底にはリスクというものが、1＋1＝2でも1－1＝0でもない、捉えどころのない胡散くさいものという印象があるからでしょう。目に見える、検証可能なものだけに価値を見出す科学第一主義の今日にあっては、致し方のないことかもしれません。

2017年春、栃木県那須町で雪山講習に参加していた複数の高校の合同パーティのうち、引率教諭を含む8人が雪崩の犠牲になってしまいました。講習会の主催者は「以前も同じ場所で訓練していたので絶対安全と判断した」とコメントしていました。過去の経験則から雪崩はないと思ったのだそうです。しかし果たして、雪崩が起きない絶対安全な場所なんてあるのでしょうか。「安全」といっても、あくまで〝何も起こらない間〟だけの話に過ぎないではありませんか。リスクはダイナミックなものです。リスクの種類にもよりますが、自然災害はもとより、サイバー攻撃、個人情報漏えい、爆破テロ、交通事故、がんなどの病気……。どれもこれも、経験則だけでリスクを回避できるなんて甘いものではありません。リスクは「そこにある」のではなく、「そこに現われる」のです。先ほどの「目に見える、検証可能なもの」だけに価値を見出そうとする姿勢は、まさに〝絶対安全なもの〟〝そこにあるもの〟だけを探求し続けようとする姿勢にも受け取れるのです。

ヒュームという哲学者は、「今日までと同様に明日もあると確信できるのは、経験によるものに過ぎず、明日があることを保証するものは何もない」と語っています。この言葉の前半部分は、登山に対する私たちの意識そのものです。今日まで何事もなく登れたのだから明日もまた同じにきまっている、と。しかし明日一日をいつも通り無事に登山できるかどうかを保証するものなんてありゃしない。過去の経験からそう思い込んでいるだけなんです。登山のリスクマネジメントが必要とされる理由は、まさにここにあるのだと私は思います。

最後に、私の一風変わったテーマに目をとめ、歴史ある『山と溪谷』誌上にて貴重な連載の機会を提供くださり、さらには新書化を勧めてくださった山と溪谷編集部の神谷浩之さんには、たいへんお世話になりました。厚くお礼を申し上げます。

本書は『山と溪谷』2015年4月号～2017年3月号掲載の「山の〝まさか！〟と〝ほんと？〟を知る講座――すぐそこにある山のリスク――」に加筆修正して新書化しました。

昆 正和（こん　まさかず）

BCP（事業継続計画）策定支援アドバイザー、防災士、翻訳者。加藤文太郎や芳野満彦の随想、彼らを主人公にした新田次郎の小説を読んで山にあこがれ、高校生のときに一人で八ヶ岳の赤岳に登る。以来ほとんど単独行を中心に山歩きを続けている。主な著書には『今のままでは命と会社を守れない！あなたが作る等身大のBCP』『山で正しく道に迷う本』（以上、日刊工業新聞社）、『リーダーのためのレジリエンス11の鉄則』（ディスカヴァー・トゥエンティワン）など。
著者ブログ：『昆正和のBCPブログ』
http://d.hatena.ne.jp/Masa-K/

山のリスクセンスを磨く本　YS037

2017年7月20日　初版第1刷発行

著　者　昆 正和
発行人　川崎深雪
発行所　株式会社　山と溪谷社
〒101-0051
東京都千代田区神田神保町1丁目105番地
http://www.yamakei.co.jp/
■商品に関するお問合せ先
山と溪谷社カスタマーセンター
電話　03-6837-5018
■書店・取次様からのお問合せ先
山と溪谷社受注センター
電話　03-6744-1919 ／ファクス　03-6744-1927

印刷・製本　図書印刷株式会社

定価はカバーに表示してあります

Printed in Japan　ISBN978-4-635-51047-9

山と自然を、より豊かに楽しむ――ヤマケイ新書